ASAHI SENSHO
朝日選書
1035

メキシコ古代都市の謎
テオティワカンを掘る

杉山三郎

朝日新聞出版

メキシコ古代都市の謎
テオティワカンを掘る

目次

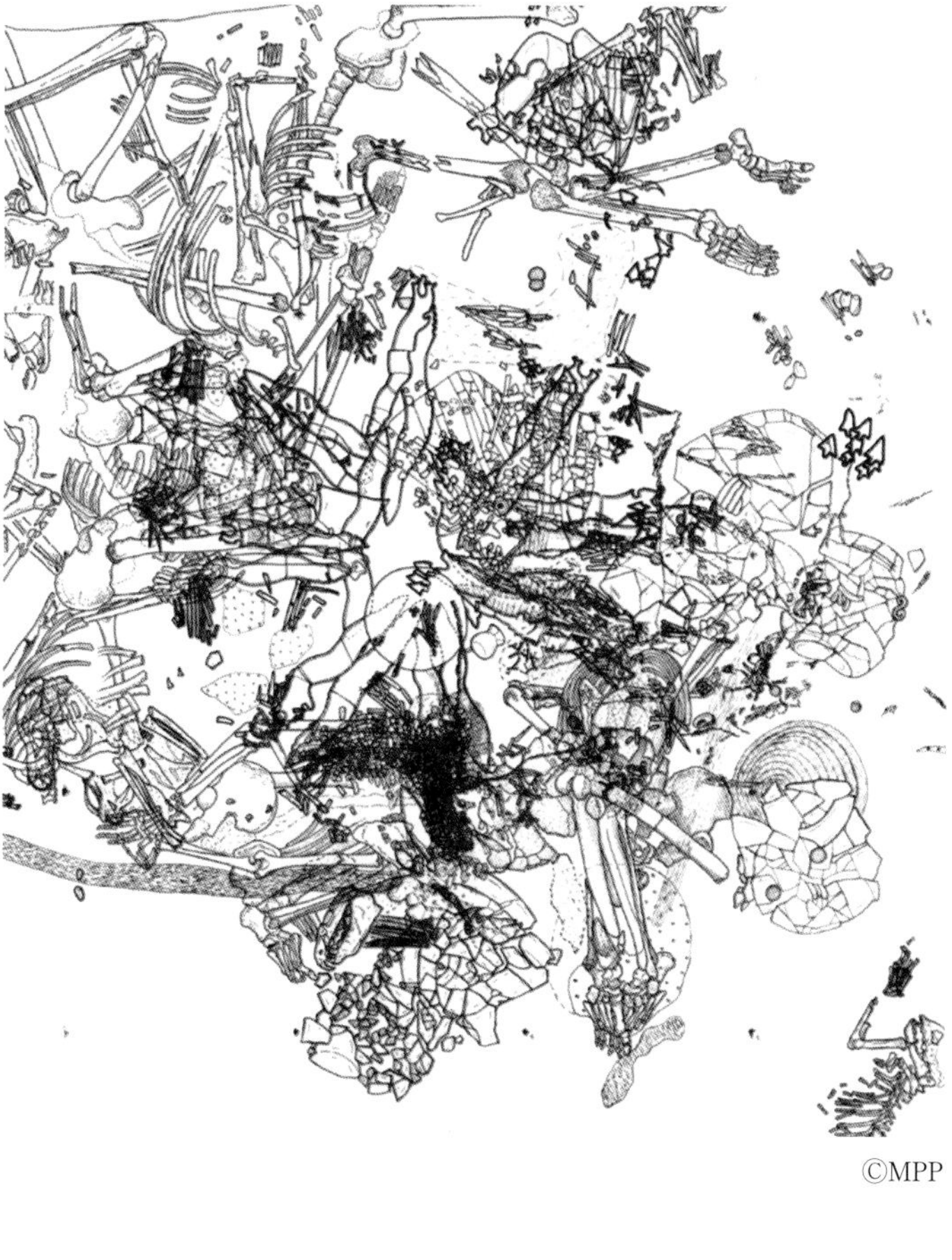

©MPP

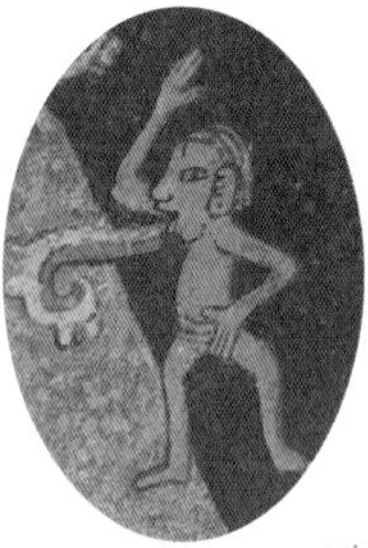

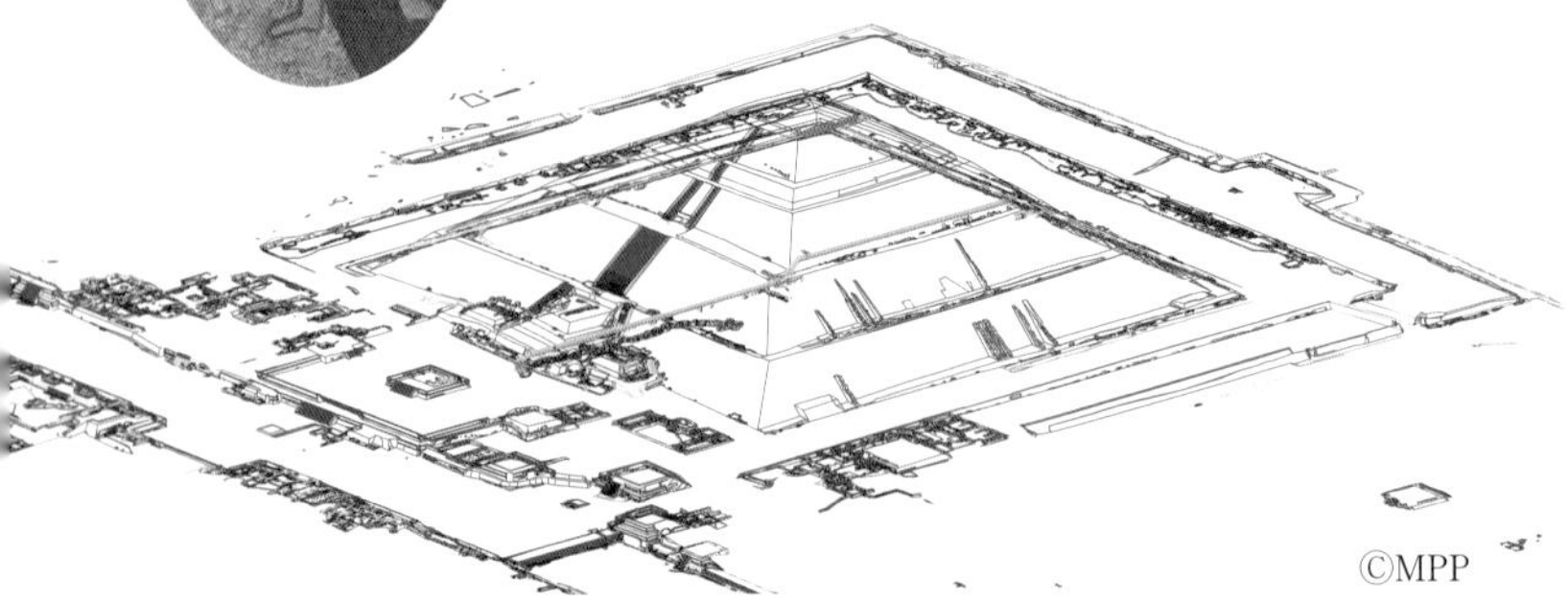

©MPP

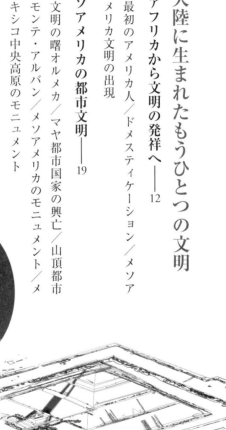

二章　ピラミッドを掘る

三章 新テオティワカン像と文明再考

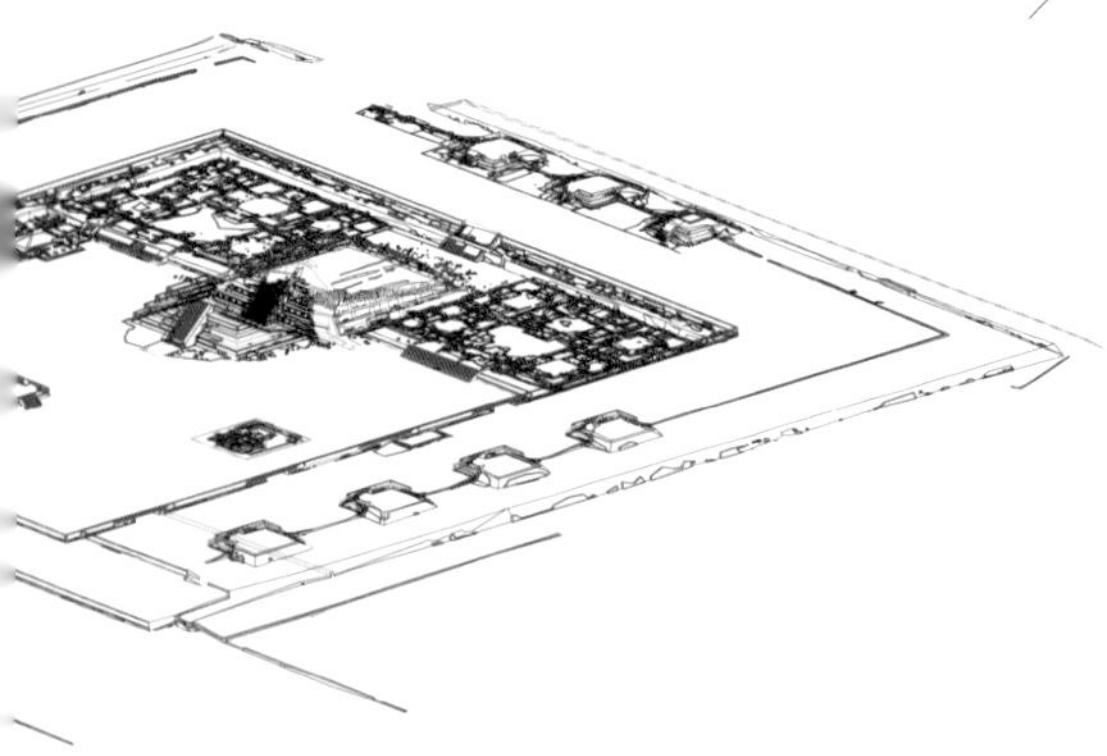

イラスト——早川和子
図版作成——鳥元真生
装丁・本文レイアウト——荒瀬光治（あむ）

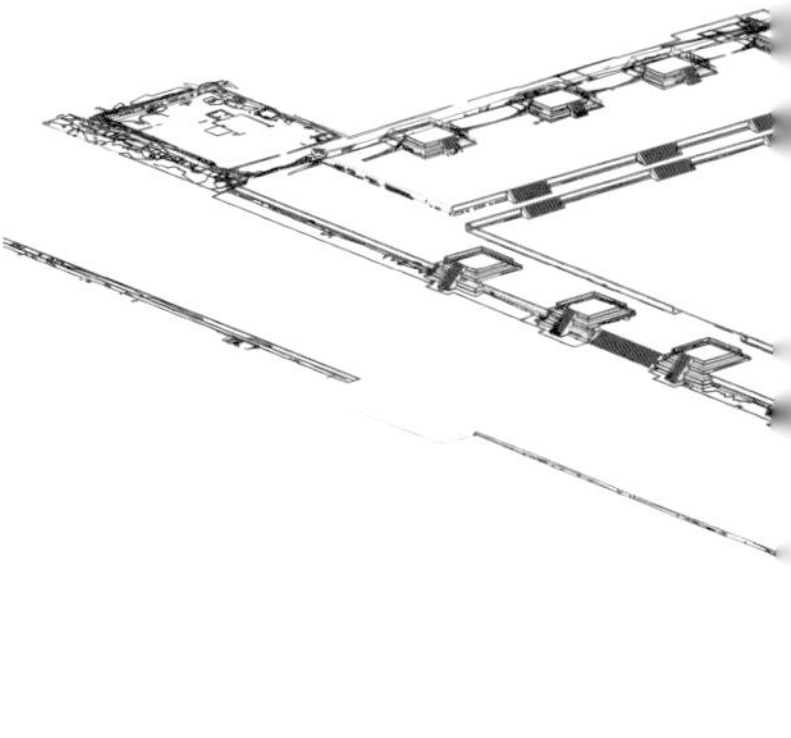

テオティワカンのピラミッド年表

西暦	土器による編年	月のピラミッド	太陽のピラミッド	羽毛の蛇ピラミッド
500	メテペク期	（テオティワカンの崩壊）		
	後期 ショラルパン期	（第七A期ピラミッド）		
400	前期 ショラルパン期	第七期ピラミッド （400±50）	第二期のピラミッド	
	後期 トラミミロルパ期	第六期 ピラミッド （350±50） 埋葬墓4 埋葬墓5 （マヤの人物の生贄）	↑ 前庭部（アドサダ）の建設 （350±50） ↓	城塞で香炉製作 （4～5世紀） 前庭部（アドサダ）の建設 トンネル盗掘 （350±50）
300	前期 トラミミロルパ期	第五期 ピラミッド （300±50） 埋葬墓3 第四期 ピラミッド （250±50） 埋葬墓6 埋葬墓2	第一期の ピラミッド 奉納セット 1・2 地下トンネル （200-250）	ピラミッドと城塞 （200±50） 集団生贄埋葬墓
200	ミカオトリ期	第三期ピラミッド 第二期ピラミッド	先行建造物	地下トンネル （170-230）
100	サクワリ期	第一期ピラミッド （100±50）		城塞に先行する第二期建物 第一期古代トンネル建造?
A.D.1	パトラチケ期			城塞に先行する第一期建物

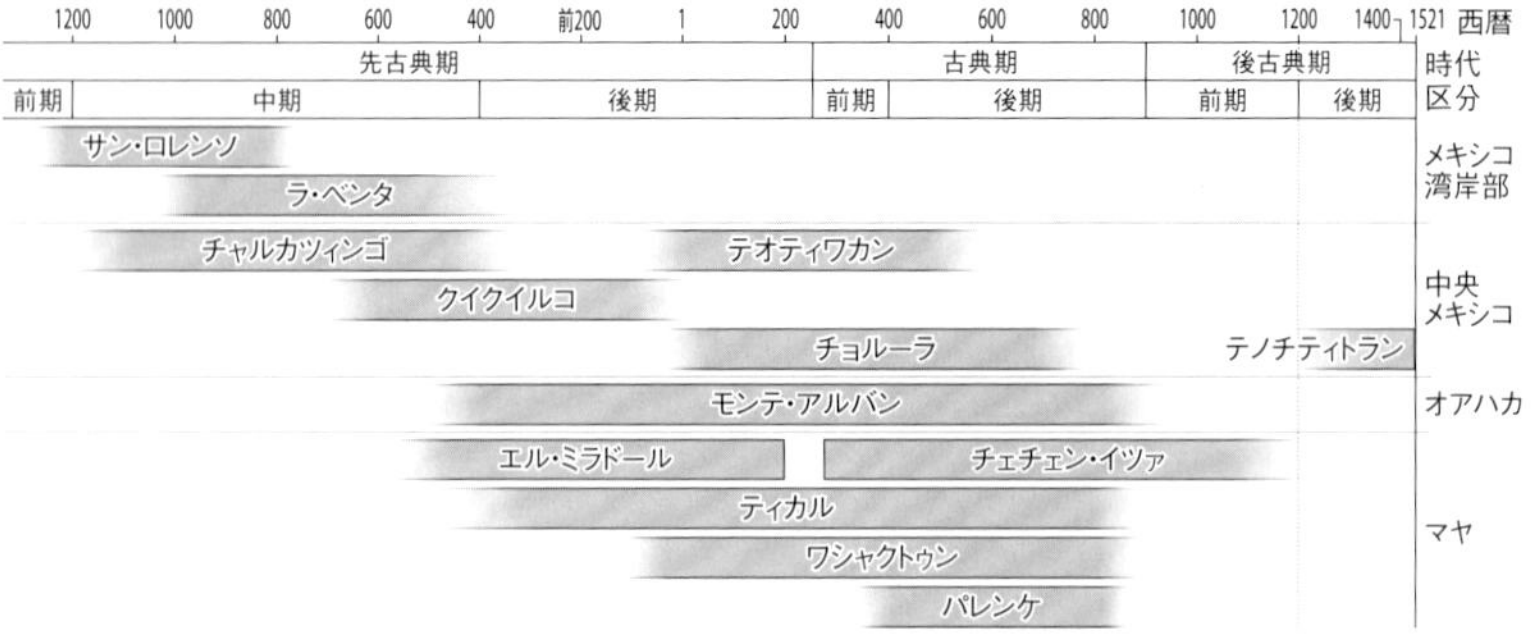

メソアメリカの編年

謎の古代都市テオティワカン
一世紀ごろ、メソアメリカに忽然《こつぜん》と出現し
大ピラミッド三つを含む整然とした計画都市だった
どんな民族がつくったのか
ピラミッドは王の墓なのか

埋葬墓6で出土したモザイクの石像。高さ31.5センチ。© Secretaría de Cultura-INAH-MEX. Foto: Jorge Pérez de Lara Elías

テオティワカン遺跡。「月のピラミッド」から「月の広場」「死者の大通り」をのぞむ。

左奥は「太陽のピラミッド」（筆者撮影、以下、断りのないもの同じ）

月のピラミッド
月の広場
ケツァルパパロトル宮殿
石柱の広場
死者の大通り
テパンティトラ住居区
太陽のピラミッド
太陽の広場
サンフアン川（運河）
羽毛の蛇ピラミッド
城塞

25平方キロメートル内に10万人ほどが暮らした。筆者らのLiDAR測量で作成したテオティワカン中心地図。ⒸPMCC3D

遺跡で最初に築かれ、6度のつくりかえで徐々に巨大化した「月のピラミッド」

遺跡最盛期に出現した3つのピラミッド。遺跡最大の「太陽のピラミッド」(左下)と「月のピラミッド」(右上)は、元来、赤・白に、「羽毛の蛇ピラミッド」(右下)は多彩色に塗られていたと考えられる

「羽毛の蛇ピラミッド」の正面(西側)に組み込まれた「羽毛の蛇神」と「シパクトリ神」の石彫

「太い山」から広がる景観を遺跡内に模したテオティワカン

「太陽のピラミッド」を春分の日に気球から撮影

天体観測に基づく様々な儀礼をおこなった「月の広場」。各地から年間200万人以上が訪れる。上は現代の儀礼の様子で、正確な古代儀礼の再現ではない。下は遺跡に集う春分を祝う人びと(2001年筆者撮影)

メキシコ古代都市の謎
テオティワカンを掘る

杉山三郎

はじめに

テオティワカンはメキシコ中央高原に、紀元前後ごろから六世紀まで栄えた謎の古代都市である。世界最大級のモニュメントである「太陽のピラミッド」をはじめ、「月のピラミッド」「羽毛の蛇ピラミッド」などがあり、東西、南北の一貫した方向軸をもつ、均整の取れた壮大な計画都市である。一九八七年に世界遺産に登録された。メキシコ・シティから北東へ六〇キロメートル、車で一時間ほどと交通の便もよく、年間二〇〇万人以上が訪れるアメリカ大陸最大級の遺跡公園である。

テオティワカンは国内外のさまざまな専門家から関心が寄せられるが、整備された遺跡公園の様相からは想像できないほど、謎だらけの古代都市遺構である。考古学が得意とする遺構と遺物のモノ研究は進むが、それをつくったヒトの行動や心、古代社会の復元は難しい。まず、どんな民族が、いかなる言葉を話し、何を規範にピラミッドや計画都市をつくったのか。約二五平方キロメートルの都市部に一〇万人ほどが住んだとされるが、どのような政治体制がコントロールしていたのか。専門家の間で今も議論が続く。テオティワカンの象徴として関心が集まるピラミッ

テオティワカンの位置

ドの最重要部である頂上は完全に崩壊していて、何のために築かれ、どのように使われたのか、正直なところ、わかっていない。出土遺物がどこからきたか、モノの移動の跡から外交史についていろいろな解釈が提唱されているが、証明は難しい。テオティワカンでは、絵文字の存在は確認されているが、まだ実例がきわめて少なく、言語と関連づけられないため解読できない。都市の崩壊のプロセスも未解明だ。歴史の解明はもっぱら考古学に頼らざるをえない。

一方、遺物、遺跡は断片的なデータであるが、テオティワカン人が複雑な天体の動きに魅了され、変わりゆく環境動態を敏感に察知し、宗教心、アート感覚を洗練させ、衣食住の手法、技術、経済活動を発展させていたと語る。モノと会話して古代人を蘇らせる作業は、科学的手法を用いながらも、私たちの五感を活性化させる。本書は謎の古代都市テオティワカンの歴史に、考古学の戦略と私たちの知力でどこまで肉薄できるか、データを様々な角度から読み解く試みである。そこから引き出されるヒト社会の特性について、また現代文明への意義を探りたい。

テオティワカンとの出会い

一九八〇年、筆者はメキシコ国立人類学歴史研究所（ＩＮＡＨ）のテオティワカン発掘調査メンバーの一員として働き始めた。メソアメリカ考古学の実体との出会いである。テオティワカン遺跡公園内の施設に住み、しばしば真夜中にピラミッドに登った。高さ六四メートルの「太陽のピラミッド」頂上で、視界全域には眩《まぶ》しいばかりの星空が広がり、圧倒された。まさに「眼から鱗」だった。人工灯で宵闇がかすむ現代では、かなり山奥に入らなければみられない華麗な光のショーだ。古代史の理解を深めたい者は、まったく電気のない古代の夜を実体験するため、一度は人里を遠く離れ、鮮烈な天光の洗礼を受けるべきだと思う。星空の動きを読み、ピラミッドをつくらせた古代のリーダーたちが天意を民に伝える光景が想像できる。メソアメリカの古文書や近現代の民族誌は、儀礼の多くが夜におこなわれたと記す。また考古学からも、火鉢、香炉台、焚火の跡、火や薪の束の図像が多く出土し、暗闇で火を使う神秘性を帯びた儀礼が重要だったことを傍証する。

テオティワカンの初期のピラミッドの機能のひとつが、天文学知識の探求と集積にあり、王はその知識のもとに民衆をコントロールしたと容易に納得できるのは、若き日に心に焼きついた強烈な天体映像のお陰だ。天文学者でもある神官あるいは王は、毎夜ピラミッドの頂上の壮観を謳歌し、複雑かつ精密な規則性をもって動く星空を解析する、きわめて知的で重要な責務に没頭したことだろう。

昼間でも「太陽のピラミッド」頂上からみれば、太陽や月、さまざまな雲、稲妻、雨、霰《あられ》や雹《ひょう》、雪、風は地上とは異なる。特に雨季の渦巻く雨雲、雷の閃光は凄まじい。古代の王は、夜は天体観測、昼間は盆地を囲む山岳地帯や動植物の動き、また密集した都心部とその周辺の田園風景の中で活動する人びとを、おそらく現代人とは異なる二・〇以上の視力で上からみおろし、それぞれの現象の関連性と規則性をみいだそうとしたであろう。王は天文学、気象学、地形学、動植物学、地政学の学際研究者だったのではないか。より説得力ある解釈を民衆に伝えて重責を果たせた王は、強力な権力者となりえただろう。

さて、筆者にとってもうひとつ貴重な経験は、テオティワカンでの発掘・修復作業に加えて、長さ二キロメートルの大通りに沿って都市中心部のほぼすべての建造物を測量したことだ。一九七〇年代に日本の遺跡調査で覚えた、トランシットと平板測量による1／100の平面図の作成だったが、建築の詳細な特徴が頭に焼き込まれた。この経験が現在のLiDAR（レーザー照射による測量）図作成の基準となり、古代テオティワカンの建築技師や左官屋さんを思い浮かべながら都市計画を論じることが可能となった。

また、一九八六年にサンフランシスコ美術館所蔵の膨大な量のテオティワカン壁画コレクションすべてを線画に描き起こした経験も、テオティワカンの審美観、テクニークを学ぶ貴重な経験となった。テオティワカンのスタンダードな建築様式・技術・資材、画風が頭にたたき込まれた。異様なスタイルや在外の石材、またエキゾチックな壁画の図像要素や筆跡についてテオティワカンの外からもちこまれたものかどうか、敏感に判別できるようになった。

すべての南北壁と東西壁どうしは数キロメートル離れても平行で、それもお互いは九〇度では交差せず、九一度と八九度をなす傾向にあると測量しながら気づいたときはゾクッとした。古代の建築士は建物の方向を正確に定めるのに、天体を使ったと示唆しているからだ。テオティワカンのデータの解析と同時に、より正確な図面作成が必要と感じ、一九九八年からトータルステーションという測量器材による都市全域の建築CAD図、さらに現在はLiDAR図を作成して、ようやく都市の3D分析と天文を絡めた天文考古学研究の成果が出始めている。ここまで三〇年以上、かかってしまったが。

「太陽のピラミッド」頂上から陽の沈む方角を向けば、古代都市の壮観さが視野に飛び込んでくる。その前面を南北に横切る「死者の大通り」には、右端（北）に「月のピラミッド」を含む「月の広場」が、左端（南）に巨大な儀礼場だった「城塞」がある。儀礼・政務、あるいは住居かと思われる国家中枢の公共建造群は、「死者の大通り」に面して整然と配置されている。誰が、どのように使っていたかわからず、興味深い課題だ。ピラミッド上からみおろせば、現代の住居群が古代都市の中心地区まで押し寄せ、かつて広がっていた荘厳な赤と白の建造物をすでに覆っている。今やテオティワカンの機能的な空間配置を、地表面からのデータで正確に把握するのは難しい状況だ。現代生活面の下に埋もれている過去を掘り出す考古学研究が必要である。また、ピラミッドの謎を解明するひとつの方策が、ピラミッド内のトンネル発掘であり、本書はその研究成果を盛り込んでいる。

メソアメリカ文明

テオティワカンはメソアメリカと呼ばれる古代文明圏に属する。メソ（中間）アメリカとは、ユーラシア、アフリカなどの旧大陸文明との接触なしに、メキシコ・中米で数千年かけて独自に形成された文明圏の総称で、オルメカ、オアハカ、マヤ、テオティワカン、トルテカ、アステカ文化などを含む。多様な地方文化が関連し合って伝承した要素も多く、紀元前一五〇〇年ごろのメソアメリカ形成期から、階層社会を統率する国家の発展期を経て、アステカ王国がスペインに征服される一五二一年まで続いた。三〇〇〇年以上の文明史の中で、テオティワカンはそのメソアメリカ文明の結晶のひとつともいえるだろう。特異な計画都市を創出した。

筆者は過去四三年間にわたりテオティワカンのピラミッド発掘調査をおこなってきた。その成果をベースに、古代テオティワカンの最新像を記す。特にピラミッドの内部で初めて発見された多くの生贄《いけにえ》儀礼や奉納された奢侈《しゃし》品は、高度に統率された階層社会が機能していたことを明かし、社会をコントロールする強力な権力の存在を想起させる。

一章では、最初のアメリカ人となったホモ・サピエンスのストーリーから始め、メソアメリカ文明とは何か、に触れる。そしてメソアメリカ文明の母体といわれるオルメカ文化、独特の建築や文字体系をつくり上げたマヤ、山頂都市モンテ・アルバンを簡潔に紹介する。いずれもテオティワカンと文化伝承、あるいは相互交流のあったセンターだ。そして、メキシコ中央高原の自然環境を概観した後、テオティワカンがどのように古代メキシコ史に刻まれてきたかを述べる。

二章では、本書の中心となる三大ピラミッドの発掘成果を紹介する。筆者が実際に調査したピラミッドと都市計画について述べよう。これまで三大ピラミッドは個別に調査がおこなわれてきたが、筆者らはそれぞれのピラミッド内部へ、同じ方法でトンネルを掘って調査し、ピラミッド自体の増築の跡や豪華な副葬品を伴う生贄埋葬体を発見した。これによりテオティワカンの都市像は大きく変わった。

三章では、古代都市テオティワカンのピラミッド建造が伝える現代の都市文明へのメッセージをまとめる。モニュメント建築からは、天体や古代人の時空間認知、暦について知ることができ、テオティワカン人の死生観、利他的行動、審美観、戦争、王権などへのまなざしは生贄儀礼や集団戦士墓の研究から浮かび上がる。ヒトの特性である創造力や文化進化の視点から、人類史の意義を議論できればと思っている。未来への警鐘とともに、可能性ある人類への夢を託せれば幸いである。

一章

新大陸に生まれたもうひとつの文明

1　出アフリカから文明の発祥へ

世界の文明形成史を語るとき、ひとつの頂点として「都市」が挙げられる。現在、世界の総人口七八億人の半数が都市生活を送っている。草創期の都市も人工物であふれ、特定の政治体制に支配された階層社会の中で生活していたと考えられる。そうであれば、古代都市のひとつであるテオティワカンの発祥メカニズムの探求は、われわれの都市生活がどのように形成されたかを理解するためにも有効と思われる。

長い人類史の中で、どのようにヒトは集団社会生活を築くに至ったのか。狩猟採集生活からの道のりははかりしれないほど長く、それに対してテオティワカンと現代都市文明は意外と短く、人類進化史最後の一ページをともに綴っていると認識することができる。閉ざされた新大陸では、他の文明からの影響を考えずに、自生の都市創造メカニズムを追えるからだ。そのためにもまず、ホモ・サピエンスがはじめて「新大陸」アメリカに渡り、独自の力でメソアメリカという文明創出に至った道のりを駆け足でたどってみよう。

最初のアメリカ人

一万三〇〇〇年以上前、氷河に覆われたベーリング海峡が陸続きだったころに、北東アジアからアラスカ・北米へと移入した狩猟採集民がいた。無人であったアメリカ大陸へ最初に足を踏み入れた、真の新大陸発見者たちである。一四九二年のコロンブスによるアメリカ大陸発見は、ヨーロッパ人にとっての「新大陸」発見にすぎず、当時アメリカ大陸の至るところで先住民の社会生活が営まれていた。

最初のアメリカ人となったアジア系の移民集団については、まだ断片的なデータしかなく、その年代や移動のルート、民族集団についての議論は続いているが、DNA分析や形質人類学研究、また文化要素の比較からも、現在の新大陸先住民の先祖がアジアから渡来したことは確かだ。氷河期であった二万七〇〇〇年前までにはアラスカまでたどり着いたが、その南に立ちはだかる高さ数千メートル規模の広大な氷床を越えるには、温暖化が進み、氷床間にヒトが通過できる回廊が開く一万三〇〇〇年前ごろまで待たなくてはならなかった。一方でそれより古い年代を示す遺構もメキシコや南米で報告されており、年代測定法による精度の課題がまだあるものの、前述の北東アジアから、海洋族がそれ以前に海岸伝いに北米・中米へと渡った説も有力だ。ともあれ、最初のアメリカ人は、すでにかなり進化した狩猟採集民であり、豊富な海産物の利用価値や旨さを知っており、遠洋航海術を身につけた賢い集団であったろう。

北米大陸中央部にはじめて入植した狩猟採集民は、その多様な新しい自然環境に適応しながら、メキシコ・中米へと拡散していった。その南端にたどり着いた限られた小集団は、さらにパナマ地峡を経て、南米へと拡散を続けた。その後、紀元前一万年までには新大陸のほとんど全域にヒトが住むようになったと考えられている。

ドメスティケーション

旧大陸では、紀元前一万年以降になると、狩猟採集民は動植物の利用方法をさらに開発し、ドメスティケーションを始めている。英語のドメスティケーションとは、ヒトに都合よく動植物種を積極的に変換させることを意味する。日本語では一語で表す語はなく、農耕（栽培化）、家畜化・牧畜の両方を意味する。互いに情報を交換することもなく、世界の数カ所で独自にドメスティケーションが始まっている。ヒトの生活様式を大きく変え、旧大陸では農業革命とも呼ばれている。まず、食料の獲得方法が完全な自然物依存から、自らが選んだ種を植え、動物を飼育し、家畜種を肥大化させ、品種もヒトに都合よく改変して、多様化した。さらに東アジアで土器が発明され、煮炊きが可能になり、それまで食べられなかった動植物も食材レパートリーに加わった。その結果、食生活が安定し、大規模な人口増加につながったと考えられている。

新大陸では、旧大陸とまったくコンタクトがないながらも農耕が始まり、また土器も独自に発明された。定住生活、富の蓄積、そして階層社会の発祥という、旧大陸と似た文明発展のパターンがみられる。しかし新大陸では、旧大陸とは異なる方法でドメスティケーションが始まった。文明のもうひとつの生業のあり方を示唆する。

南北に長い新大陸の地理は変化に富み、アメリカ大陸へ移入した早期の狩猟採集民は、各地域の環境に適応した生業を発展させた。狩猟採集生活から定期的な移動生活、さらに定住生活へと、ゆるやかな社会発展がみられた。旧大陸の四大文明が亜熱帯〜温暖地域の大河流域に生まれ、それぞれが関係し合って発展したのとは対照的に、メソアメリカ文明は外部とは切り離され、かつ内部では多様性を抱える。東西は大西洋（メキシコ湾、カリブ海）、太平洋、また南北はパナマ地峡とメキシコ国境付近に広がる乾燥荒地帯という地勢で隔てられ、外部との交流は困難であった。一方、この広大なメソアメリカ文化圏の自然は多様で、多民族による多様な文化が開花した。

メソアメリカ文化圏は日本の国土の約五倍の広さをもつ。圏内はユカタン半島、中米国の熱帯雨林地帯から北部の乾燥荒地帯、さらに標高二〇〇〇メートル級の肥沃なメキシコ高原地帯、そして標高五〇〇〇メートル近くの火山地帯を含み、自然は非常に変化に富み、生息する動植物も地勢に応じて多様化している。メソアメリカにたどり着いた先史狩猟採集民は、数千年をかけて多彩な地域の動植物を食料とする方法を地域ごとに探り出した。やがてさまざまな民族集団が形成され、地域ごとに独特な文化要素を生み出した。

旧大陸では、限られた栽培／家畜種の連鎖した大量生産が人口増加と定住化へつながり、文明形成へと導いたが、メソアメリカではトウモロコシ、カボチャ、インゲン豆、アボカド、トウガラシ、トマト、綿花、タバコ、アマランサス、チア、カカオなど、じつに多くの植物種が数千年かけて栽培化されていった。同時に、メキシコ中央高原のリュウゼツラン、ウチワサボテンのような地方の野生種、半野生植物も多く利用され、トウモロコシに引けを取らないほど重要であった。大河のないメソアメリカで人びとは高原地帯の湖、山間の河川、湿地帯、地下水脈、そして雨季に集中して降る雨を利用し、焼畑農法、テラス耕作、菜園農法のほか、後古典期（九〇〇年〜一五二一年）における湖底の肥沃土を積み上げる二期作のチナンパ耕作のように、さまざまな自然種、栽培種のゆるやかな耕作法が開発されていった。

メソアメリカでの家畜化の重要性も、旧大陸とは異なっていた。地域の多様な動物種から食材を得られる新大陸では、家畜化への移行が小規模だった。ヒトはアメリカ大陸への入植時からイヌを連れていたと思われるが、メソアメリカには家畜に適する大型動物が存在しなかったため、家畜種はシチメンチョウなど鳥類のみであり、長期間にわたり家族単位で使用する程度のマイナーな生業だった。動物タンパク源はおもに野生、半野生のシカ、ウサギ、ノブタ、ネズミ・モグラ科、リスをはじめ、海や湖の魚や貝類、野鳥、ヘビ、トカゲ、カエル、バッタ、幼虫、ハチ、アリなど多様な野生種であった。このように新大陸のドメスティケーションのあり方は、旧大陸の「野生」と「栽培／家畜種」に単純には分けられず、「野生種」と「栽培／家畜種」との中間的な形態であった。自然と人が共適応し、文明へと導いたあり方は、旧大陸の文明化のモデルとは異なる文化進化の道のあることを考える必要を示している。

メソアメリカ文明の出現

メソアメリカ社会は、このように多様な風土の中で育まれ、さまざまな文化要素を生み、先古典期（紀元前二〇〇〇年〜紀元後二五〇年）には次第に富（余剰生産物や奢侈品）と権力の集中がみられる階層社会へと移行していったと考えられている。ヒトとモノ、情報の交流が次第に活発になり、土器生産、また黒曜石《こくようせき》やヒスイなど特定の資源を使った工芸品の製作が始まった。儀礼品や日用品の交易、市場による交換も組織的におこなわれるようになっていった。メキシコ高原地帯からユカタン半島に至るメソアメリカ文明の中心地域には、儀式場とリーダー集団の住居施設、また威信財、アート、工芸品、日用品の製作工房などがあったことが確認されている。そしてメソアメリカ文明の母体といわれるオルメカ文化の拠点が、サン・ロレンソなどメキシコ湾岸だけでなく、メキシコ高原の山間部など自然環境に恵まれていない地域にも出現した。

自然に依存したメソアメリカ文明の生業のあり方は、多神教の宗教や先住民の世界観、倫理観、天文学、生物学、環境学、暦法、算術などの発達に影響を与えたと考えられる。天体に関する知識と複雑な暦の体系、二十進法による計測法、文字の発明、図像とシンボルによるコミュニケーションシステムができあがり、それらが刻まれた石彫、壁画、土器、土偶の製作も紀元前一四〇〇年頃から始まった。ヒスイ、黄鉄鉱、黒曜石などによる威信財や装身具は、王権と結びついて発展した。

古代メソアメリカ文明は、農耕村落から発展した宗教センター、モニュメント建築と神殿ピラミッド、宮殿、王墓、さらに球技場、天文台、テマスカル（蒸し風呂）などを含む都市文化を中核とし、発展していった。センターの規模から、もはや血縁関係を超えた、国家と呼ぶにふさわしい数千人規模の政治組織が機能していたと考えられる。一部のメキシコ高原地帯から、オルメカ文明が開花したメキシコ湾岸地域、さらにマヤ地域を中心に複雑な階級社会が形成され、次第に世襲制の王権により統率されていく。国家間の抗争により政権交代やより大きな政治ネットワークが構築されていった。一方で、ボトムアップ現象として市場や交易システムが文明の基層として機能していた。これらの都市文明の繁栄期に、突然のごとくメキシコ中央高原に誕生した都市がテオティワカンである。前述の文明要素の多くを確認でき、多民族が出入りするメソアメリカで最大規模の国際都市であった。

本書は、メソアメリカの文明形成を直接扱うものではないが、テオティワカンを探求する前に、前身となった宗教センターが他の環境で勃興した例を鳥瞰《ちょうかん》しよう。それらは遠隔地で独自に開花した都市国家だが、テオティワカンとも相互交流のあった他民族のセンターでもあった。

2　メソアメリカの都市文明

文明の曙オルメカ

メソアメリカ文明の母体といわれるオルメカ文化圏は広い。しかし、その実体はよくつかめておらず、研究者間でも意見が分かれている。形成期（紀元前一五〇〇年～紀元後二五〇年）のオルメカ文化の芸術様式は、広くメキシコ高原地帯のチャルカツィンゴ、テオパンテクヮニトラン遺跡、中心地域であるメキシコ湾岸地域のサン・ロレンソ、ラ・ベンタ、トレス・サポテス遺跡、さらに太平洋岸のタカリク・アバフ、チャルチュアパ遺跡など、多様な環境を含む広域に及んでいる。ジャガーと人間の要素が融合した図像や、ベビーフェイスと呼ばれる奇妙な偶像、そして巨石人頭像や王座のダイナミックな大型石彫、さらにヒスイや黒曜石などの奢侈品、威信財にみられる洗練されたアートと高い工芸技術に特徴づけられる。しかし、その後次第に衰退、もしくは新しく台頭する各地域文化へと変容していった。その文化伝統は、オルメカのセンター崩壊後、数世紀たっても根強く残り、テオティワカンでみられるメキシコ中央高原では生息しないジャガーの図像もオルメカの伝統的芸術様式といわれている。しかし、オルメカ文明の実質的な後継者は、隣接するタバスコ州からユカタン半島、グアテマラにかけて広がるマヤ文化圏に住む先住民たちであった。

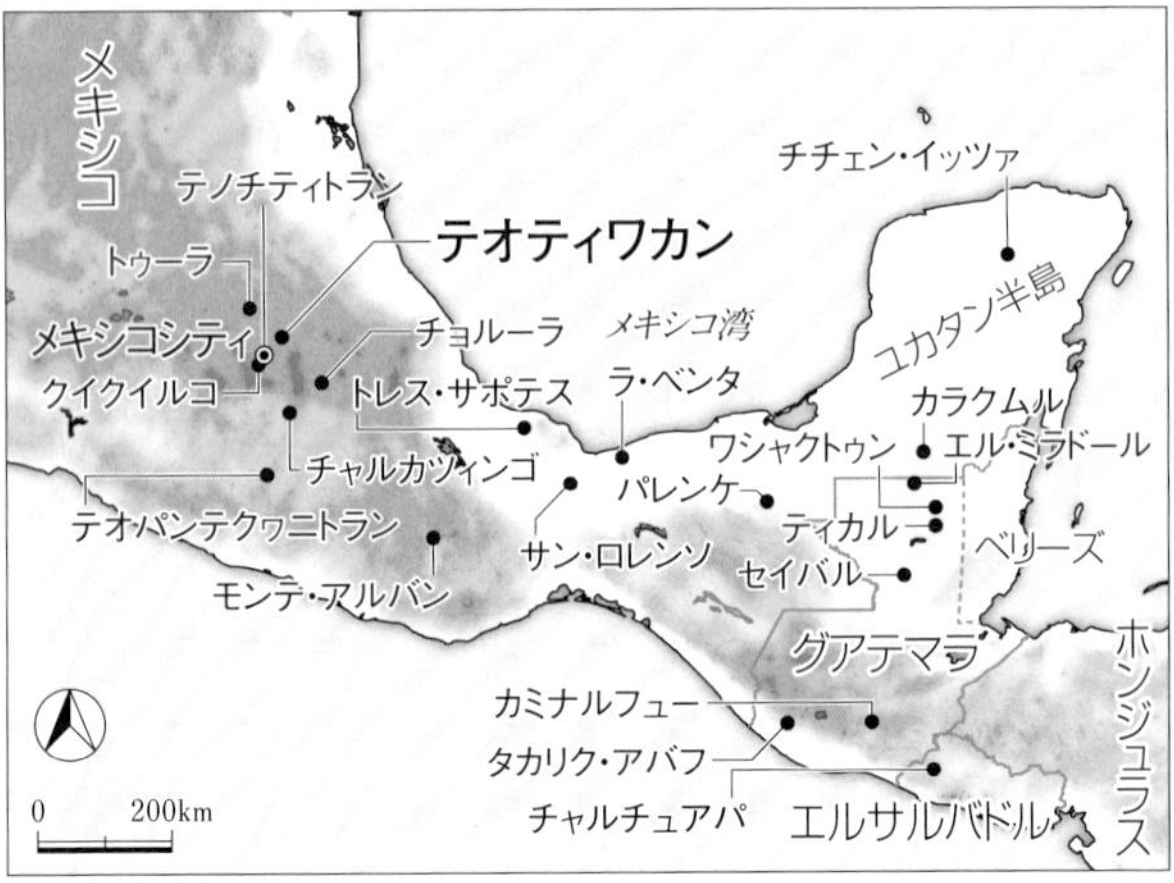

メソアメリカの遺跡の分布

マヤ都市国家の興亡

マヤ文明は、ジャングルに失われた謎の古代文明として世界に知られるが、独自に文明諸要素を発達させたのではなく、メソアメリカ文明圏のひとつとして、多民族と交流、交雑を繰り返して共進化した文化領域であり、現在マヤ諸族の住む地域に栄えた古代文明である。ほかのメソアメリカ文化領域とのコンタクトはその発展に不可欠要因であり、特にマヤとテオティワカンの相互関係は互いにとって歴史的な考察が必須だ。

初期オルメカ文明が勃興し始めた先古典期前期（前二〇〇〇年～前一〇〇〇年）に、マヤ地域では先住民集団が各地域の多様な動植物を対象にした狩猟採集生活をおこなっていた。まだ土器をもたず、季節的な移動を繰り返す非定住生活であった。しかし、先古典期中期（前一〇〇〇年～前四〇〇年）にはマヤ文明特有の要素が育まれ始めて、ペテン地方の熱帯森林低地にあるセイバルやワシャクトゥンで公共建造物、広場、宮殿などが出現し、遠距離交易を示す奢侈品が作成され始めている。ペテン地方では、エル・ミラドール、ティカル、カラクムルなどの大型都市が勃興し、それらを結ぶ道路網サクべがつくられた。先古典期後期（紀元前四〇〇年～紀元後二五〇年）には、基盤となる宗教センター間の交流が進む一方で、抗争も活発化した。また、黒曜石やヒスイなど鉱物資源や石材が豊富な火山地帯であるグアテマラ高原では、カミナルフユー、さらに海洋交通網の基点となる太平洋岸のバルベルタ、モンタナなどのマヤ都市が勃興している。四～五世紀にはテオティワカンと緊密に人物交流がおこなわれたことが物証によって明らかにされている。

古典期（二五〇年～九五〇年）には、マヤ地域の宗教センター間での交錯が広がり始め、大きなモニュメントをもつ独立した都市国家が混在するようになり、やがて都市国家が拡大していく。先古典期後期から巨大な都市へと変容したエル・ミラドールなどでは、大神殿ピラミッドが建設され、のちのマヤ特有の文化要素が創作されている。大型建造物や石碑、石造記念碑、球戯場、マヤ・アーチなどの建築様式、マヤ文字、暦の体系とその基盤となる天文学的知識の発展がそれである。テオティワカンでも認識され始めた太陽暦、二六〇日の宗教暦、また春分・秋分、夏至・冬至を観測する「Eグループ」といわれる建築群などがワシャクトゥンや、それ以前のオル

マヤの大型都市ティカルのピラミッド(写真・朝日新聞社)

メカ遺跡でも確認されつつある。

このような高い文化要素を含むマヤ文明の拡大・繁栄期に、テオティワカン文明が突然のように誕生している。テオティワカンからは千数百キロも離れ、険しい山道をたどることでしか到達できないマヤ都市と、どのように交流したか、想定が難しく謎を解くべき課題であったが、のちに述べるように、テオティワカンとマヤ都市の両サイドでの近年の重要な発見は、両文化圏の相互交流についての新しい歴史解明を導いているようだ。両文化圏における最も重要な要素である天文学的知識、神々の体系、世界観、そして付随する象徴品の交換に関する新データが、テオティワカンの起源や政体についての謎解明に貢献しつつある。

話をテオティワカンにフォーカスする前

に、メソアメリカのもうひとつの巨大な都市創出の歴史をみてみよう。オアハカ盆地の丘陵地帯に、サポテカ族により突然築かれた山頂都市モンテ・アルバンである。

山頂都市モンテ・アルバン

メキシコ中央高原の南東、シエラ・マドレ山脈の山間部に、狩猟採集民により自生の都市をつくり上げた文明史が残されている。山脈に囲まれた肥沃な三つの盆地の中心にある山頂都市モンテ・アルバン遺跡である。盆地平坦部から四〇〇メートル級の丘陵地帯に発展したモンテ・アルバンは巨大な山頂都市で、紀元前五〇〇年頃から紀元後八〇〇年の一三〇〇年間にわたり、サポテカ族の中心地であった。山頂部の岩盤を大規模に削り、盛土で平坦部をつくりだし、最盛期には大儀式場を中心に、モニュメント建築、神殿基壇、宮殿、天文台、球戯場、王族の墓室などを整然と配置したサポテカ文化の中心地だった。筆者らの最新のドローンを使ったLiDAR測量によって、周辺の丘陵地帯一帯に、中小規模の儀礼広場が広がり、さらに周辺の丘陵地帯は神殿基壇や、住居／耕地用の無数のテラスに覆われていたことがわかってきた。最盛期には三万人以上が暮らし、聖都の機能を支えていたとされる。

モンテ・アルバンの最大の謎のひとつが、その起源である。周辺の肥沃な河川流域で発達した農村において階層化が拡大し、階層間の紛争から、防御施設を伴った儀式場施設を山頂部に建設したという見方が強い。モンテ・アルバン以前に中心センターとして機能していたサン・ホセ・

モンテ・アルバン遺跡「南の基壇」上から大広場をのぞむ。正面は「建物Ｊ」

モゴテから、城塞の機能をもつモンテ・アルバンに移ったとされるが、両センターの関係はよくわかっていない。

早期の建造物には「踊り子」と命名された石彫が組み込まれている。じつは石彫は戦争捕虜の生贄の様子を表すと推測されている。モンテ・アルバンで最大の広さをもち、最も高い場所につくられた「北の基壇」は、王族などリーダーらの儀式の場、宮殿のような施設があったと考えられ、考古学のデータからはテオティワカンとの外交の場でもあったと推定されている。また「大広場」の南にある鏃《やじり》の形状をした「建物Ｊ」は天体観測所と考えられている。鏃の先端は紀元前二五〇年頃に南十字星の沈む方角を指し、前面の階段の正面は、太陽の天頂通過を記録するトンネルが組み込ま

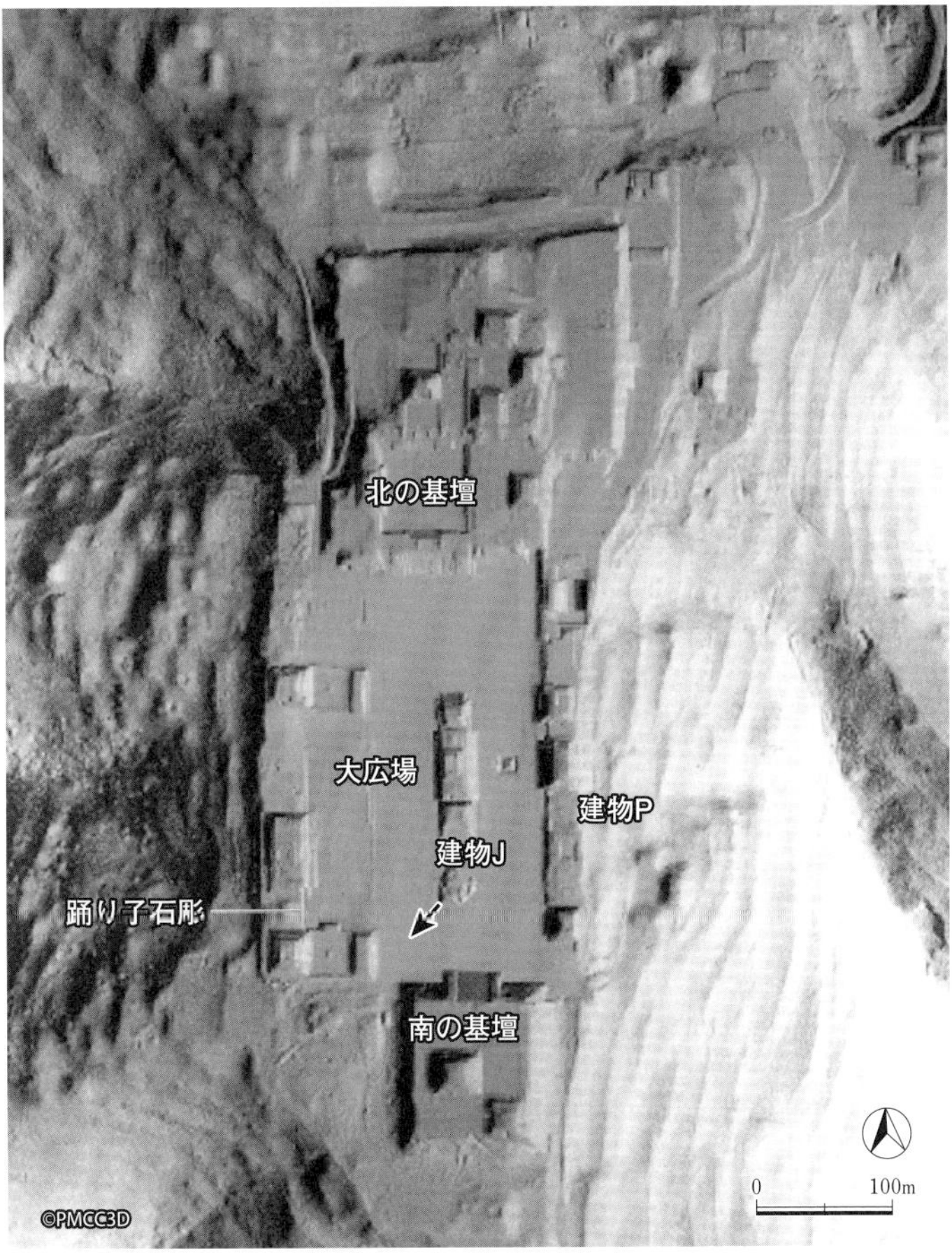

ドローンに搭載したLiDARによるモンテ・アルバン遺跡の建物配置図

れた「建物P」に向けられている。同時に「建物J」には、他集団の征服を記録した石彫が壁面に組み込まれており、モンテ・アルバンが軍事的な覇権国家だったと示唆している。

　中央広場の一角には、テオティワカン人がモンテ・アルバンを訪問した様子を描いた図が石彫として刻まれている。征服を示すほかの石彫とは異なり、戦争の場面はなく、平和的な交流だったと解釈されている。テオティワカンで出土する、サポテカ族の移民集団が生活していたことを語る大量の考古データに照らすと、納得がいく解釈であるが、様々なシナリオが可能で、さらなるサポテカ族移住区での発掘が待たれる。

　モンテ・アルバン国家が最大に拡張した五、六世紀には、モンテ・アルバンの北に位置するアツォンパをはじめ、隣接する丘陵の山頂部に類似の型の新儀式場と住居、墓室、球戯場がつくられている。国家の中枢となる集団の拡散か、あるいは軋轢《あつれき》を抱え中央から離反という可能性もある。テオティワカンでも、中心地区の重要な建造物が焼かれ、都市が崩壊したころだ。

　当時は白と赤で塗られた、荘厳で巨大なこの山頂の聖都も八〇〇年までには放棄されている。のちにミシュテカ族が居住地、墓地、先祖崇拝の霊地として再利用している。壁画をもつ墓室からは、メソアメリカで最も繊細で、先住民の世界観を象徴する装飾品が大量に出土している。スペイン征服後も、モンテ・アルバンは変容しながら、都市を創始したサポテカ族や、再利用したミシュテカ族、オアハカ地方の山間部に散在するほかの民族、さらに現代メキシコの混血社会にとっても文化的アイデンティティとして、また政治的、経済的にも重要な文化遺産として生き続けている。

メソアメリカのモニュメント

テオティワカンの巨大ピラミッドにフォーカスする前に、メキシコ中央高原のピラミッド型基壇であるモニュメントという観点から、都市史を概観してみよう。

メソアメリカ文明の一大特徴として、モニュメントの存在が挙げられる。エジプトのピラミッドと比較され、ピラミッドと呼ばれることも多いが、用途が墓とは限らず、筆者らはその象徴性からモニュメント、もしくは基壇（プラットフォーム）と呼んでいるが、本書では一般の読者にわかりやすいように、明らかにピラミッドの形状を呈するものはピラミッドと記す。

メソアメリカ文明におけるモニュメント建築の特徴は、その形状と機能の多様性にある。じつはピラミッドと呼んでいるモニュメントも多彩で、四角錐のピラミッド状のものは非常に少なく、テオティワカンの「太陽のピラミッド」は例外的である。

紀元前一五〇〇年頃に現れる公共建造物から、紀元後一五〇〇年前期にスペイン軍が目撃したアステカ王国の神殿ピラミッドまで、モニュメントは三〇〇〇年の建築史がある。その形状の変化は伝統様式の改装のみならず、何らかの意図をもった活発なイノベーションであり、変化する機能とそれを操る権力者の積極的な政治的、思想的な主張と捉えるべきだろう。

メソアメリカ文明の形成期（紀元前一五〇〇年～紀元後二五〇年）に存在したオルメカの宗教セ

ンターでは、小・中規模の集会・儀式用基壇が徐々に肥大化した跡が確認できる。そして紀元前四〇〇年頃から、マヤ地域やメキシコ中央高原で大型モニュメントが現れ、古典期（二五〇年～九五〇年）には巨大なモニュメントが、テオティワカン、チョルーラなどで出現している。じつにさまざまな形状のモニュメントが建てられ、たび重なる増築、改築、破壊の跡、そして古い遺構の再利用なども記録されており、その外観の変化に伴い、機能面も、また象徴的な意味も多様化したと想像される。

モニュメントは、神殿の基壇、公共イベントの施設、儀礼場、王族の住居、ときには政治を司る玉座でもあり、王権の象徴としての役割も果たしたと考えられる。その形や方位により、先住民の発達した天文学や暦法を体現したモニュメントも多い。さらに多目的機能の一つとして墓が挙げられる。内部に王墓を含むモニュメントの発見例が、特に二〇世紀中葉から報告され始めている。

このように、エジプトのピラミッドや中国の皇帝陵、また日本の古墳群など為政者の墓としてのモニュメントのあり方とは対照的に、メソアメリカは多機能で多彩なモニュメントを生み出した文明といえよう。さらに、その複雑な建築スタイルや外壁を被う石彫や壁画、さらに内部に組み込まれた墓室により、神話や歴史の記録、そして具体的な象徴的意味を付加していた例も多い。

したがって「モニュメント建築」を読み解くためには、それぞれの建造物での形状、方位、規模、内部構造や他の建造物との関係などとともに、内部から出土した墓や遺物を総合的に考慮しなくてはならない。さらに改築・増築、そして破壊に関しての資料は、関係した政治集団の盛衰や抗争を計るバロメータとして考察することができる。つまり、モニュメント建築の探求は、それぞれの社会、権力者集団の世界観に加え、政治力、軍事力、外交関係など、文明の中心的課題の解明に大きく貢献しうる。発掘調査で最も成果の期待できるものとして、テオティワカン研究でも、発掘の対象として選択した理由である。しかし戦略的にも手ごわい研究対象である。

チョルーラ・ピラミッド西面階段。頂上は植民地時代の教会

メキシコ中央高原のモニュメント

メソアメリカでは、まだモニュメント調査が十分とはいえず、検証すべき事例が多い。メキシコ中央高原では、紀元前に栄えていたオルメカ文明のチャルカツィンゴ遺跡やテオパンテクゥニトラン遺跡などから、スペイン軍に征服されたアステカ王国まで、三〇〇〇年の階層社会の中心には際立ったモニュメントが機能していた。それらの調査でさえ、遺跡全体からすればわずか数パーセントが発掘されたにすぎず、研究も初期段階にあるといえる。

単体のピラミッド形状の基壇としてメソアメリカで最大のモニュメントが、メキシコ中央高原のプエブラ盆地にあるチョルーラ・ピラミッドである［29頁の図］。未発掘で、底辺の一辺が四〇〇メートル以上と推定されており、内部に調査目的で全長一〇キロメートルに及ぶトンネルが掘られ、七期の重複する建築期の存在が確認されている。ちなみに、テオティワカンの「太陽のピラミッド」は一辺が二二四メートルあり、こちらのモニュメントもメソアメリカで最大級だ。両ピラミッドとも権力構造と直接関連している。

現在のメキシコシティの南郊外に、紀元前六〇〇年頃にクイクイルコという大きな円形モニュメントを中心とした大宗教センターが勃興した。人口一～二万人ほどが住む都市として、かつあったテスココ湖南の湖畔に繁栄した。紀元前後頃から急激に発展したテオティワカンと共存していたと思われるが、紀元後二〇〇年頃に近郊のシトレ火山の噴火により溶岩で覆われ、放棄されている。その付近一帯は雨量も多く、湖畔に面した肥沃な土地であったが、流出した溶岩や噴石に覆われ、崩壊した。また火災による自然破壊は住居や農地のみでなく、盆地南部一帯に生息していた動植物にも深刻な被害を及ぼしたと思われる。結果としてメキシコ盆地の南部の住人が、より乾燥した北部地域へ大移動したと考えられる。次章から詳述する計画都市テオティワカンの創成に本源的に関わっていた可能性が高い。もしくは、すでに勢力を確立しつつあったテオティワカン国家に、なんらかの影響を及ぼしたかは、今後の課題である。

クイクイルコ遺跡のほとんどの遺構は現在も溶岩で覆われており、五メートルほどの固い溶岩層を取り除いてから発掘しなくてはならず、未解明の課題の多い宗教センターである。紀元前に人びとが極端に多く集まる場所として、モニュメントと儀式用の大広場が、その初期から存在していたと考古学データは語る。おそらく儀礼のための舞台としてモニュメントは拡大したと推察されるが、一方で円形錐の基壇が何を象徴するのか、わかっていない。ちなみに、類似の円形モニュメントはメキシコ北西部にみられるモニュメント建築の形状であり、テオティワカンでもわずかながら、発見例はある。メキシコ盆地の移住者と北西部との交流も、特にテオティワカンでは実証されており、両地域間の複雑な相互交流関係が、すでに紀元前から、あったことを示唆する。

3　古代計画都市テオティワカン

メキシコ中央高原の自然・社会環境

古代都市がつくられたテオティワカン盆地は、標高二〇〇〇～二三〇〇メートルの盆地が連なるメキシコ中央高原の一角にある。現在メキシコシティがある、そしてかつてアステカ王国の首都テノチティトランがあったメキシコ盆地の北東に位置している。年間雨量七〇〇ミリメートルと盆地南部より少ないが、大きな塩水湖であったテスココ湖から五キロほど北に位置し、湖やその周辺に生息する豊富な動植物を食糧源とする恵まれた環境にある。四季より、雨季と乾季の違いが大きく、五～六月から九～一〇月の雨季の到来が、トウモロコシなどの耕作に重要であり、雨を予兆する稲妻の神トラロクが古代から主神だった。

なぜ、紀元前後にこの地が大都市建設に選ばれたのか。上記の自然環境のメリットのほかに、海岸低地からクイクイルコなど大人口を抱えた豊かなメキシコ盆地へつながるルート上に位置することも指摘される。テオティワカン盆地からプエブラ盆地へ抜け、さらに東のテワカン盆地、さらにメキシコ湾岸へのルートにつながる。またプエブラ盆地は太平洋岸へ注ぐバルサス川の上流地域である。そこから厳しい山岳地帯を抜け、太平洋岸に出るにはベストルートである。実際、筆者は渡墨初期に、メキシコ政府のバルサス川流域の調査を二つ経験し、テオティワカン時代の遺跡を河川沿いに多く確認している。

これらのルートの自然条件の利は、テオティワカン建設の戦略的な好条件となるが、実際に古代都市がつくられた地点を特定するものではない。のちに述べる「太陽のピラミッド」下で古代トンネルが偶然発見された一九七〇年代には、トンネルは聖なる自然の洞窟を改造したもので、その上にピラミッドを建設したと解釈されていた。立地のポイントは洞窟の有無でありその洞窟信仰が、初期のピラミッド建設、つまり聖都テオティワカン創造のきっかけとされていた。しかしのちに再考するように、洞窟は完全に人工であり、テオティワカン盆地が都市構築の地として選ばれる自然要因ではなかった。誰かが盆地の様々な自然条件を利用してつくり上げた景観があり、そこに自分たちの世界観をモニュメントにより具現化した集団の意識が、この地に聖都が生まれた主要因といえる。

神話から歴史研究へ

テオティワカンの歴史は、神話として始まっている。八世紀にテオティワカンの政治組織が崩壊すると、ほぼ完全に歴史から忘れ去られた。一五世紀〜一六世紀に台頭したアステカ王権がテオテイワカンを訪れ、創造神話の舞台とした。神々が犠牲になり太陽、月、私たちヒトが生まれた地と考え「テオティワカン（神々の地）」と名づけ、儀礼をおこなっている。その後、一六世紀〜一八世紀のスペイン植民地時代三〇〇年間、さらに一九世紀のメキシコ独立混乱期を通して、西欧の探検家がメキシコ・中米の廃墟を散発的に訪れ、記録しスケッチを残している。現地で入手した遺物をもち帰り、博物館などに展示して、謎の古代文明の存在を徐々に西欧諸国に周知させていった。当時は、西欧文明とはかけ離れた宗教・文化をもつ先住民と、異彩を放つ廃墟の歴史的関係がつかめず、謎の古代文明の起源について諸説が飛び交っていた。そんな中、テオティワカンの「月のピラミッド」に短いトンネルが掘られた。学術的意図をもっておこなわれた、新大陸最初の考古学調査であった。

一六七八年ごろにカルロス・デ・シグエンサ・イ・ゴンゴラが、ピラミッド墳丘の中段より一〇メートルほど水平に掘り、内部構造を探っている。ピラミッド内部についてのはじめての記録となり、盛土の層位図を残している。なおトンネルは開いたままだったので、その後二〇世紀初頭に完全に埋め戻されるまで、探検家が訪れて記録している。

一九世紀末には、テオティワカンの都市中心部の測量図、復元図が作成された。同時に、「死者の大通り」に面する公共建造物群でメキシコ政府による小規模な発掘が始まった。このとき「農業の神殿」の壁画が出土したプラットフォーム（基壇）が発掘・復元され、さらに「城塞」でも小規模な発掘がおこなわれている。一般大衆や政府の関心を引き、二〇世紀初頭からおこなわれる大規模な復元発掘の呼び水となった。

一九〇四年には、メキシコのポルフィリオ・ディアス大統領がテオティワカンの大規模発掘を命じ、メキシコ人のルーツとされる「神話」解明の挑戦が始まった。「太陽のピラミッド」がレオポルド・バトレスにより発掘・修復され、現在の姿に復元された。

一九一七年からは、メキシコ人類学の父といわれるマニュエル・ガミオが、はじめて「羽毛の蛇ピラミッド」の層位学的調査をおこない、「羽毛の蛇神」の石彫で飾られた壁面を発見した。掘り出された「羽毛の蛇神」の石彫は、その後、メキシコ国家のシンボルとして紙幣などにも使われている。

「月のピラミッド」や「死者の大通り」を含めた都市中枢部の建物群も、一九六二年〜一九六四年にイグナシオ・ベルナール率いる国家プロジェクトにより発掘され、現在の遺跡公園がつくられた。一九六〇年代以降は、観光産業もメキシコの古代文明探求へ参入し、また教育プログラムにおいてもメキシコの国の重要な文化遺産としてテオティワカン遺跡は機能している。

調査が進むにつれて古代建築・生活品・墓の発見例は増え、ピラミッドや公共施設、住居など生活空間が復元された。しかし、ほとんどの調査は古代都市最後の時期のレベル（最上層）の表層的な発掘にとどまり、都市の深層部のデータはごく一部が得られただけであった。ピラミッド調査も、外観の復元発掘のみで、内部調査は前述の「月のピラミッド」における小トンネル調査と、「太陽のピラミッド」を貫く一本のトンネル発掘がおこなわれただけであった。

二〇世紀前期はエジプトのピラミッドでの王墓発見に刺激され、メキシコのピラミッド内部でも王墓探しがおこなわれたが、成果は期待外れであった。したがって、あのような形のピラミッドや儀礼施設が、なんのために建てられたのか、誰（民族）が、どのような集団組織で建設したのか、さらにピラミッドを中心としたこの宗教センターはどう機能していたのか、というおもな課題は未解決のままだ。

外国人研究者主導の調査も始まり、一九三〇年代にスウェーデンのシグヴァルト・リンネによりバイキング住居跡が発掘、復元されている。一九六〇年代からはアメリカ人調査団が加わり、本格的な広域の学術調査が始まった。筆者の生涯の師であるロチェスター大学のレネ・ミリョン氏がテオティワカン・マッピング調査団を率いて、航空写真をもとにした正確な都市図を作成し、また地上踏査と小規模ピット（試掘坑）発掘により、都市の広がりと年代を示した。ペンシルベニア州立大学のウィリアム・サンダース氏が率いるメキシコ盆地調査団は、メキシコ中央盆地全体の生態人類学的な調査をおこない、古代都市テオティワカンの盛衰を、メソアメリカの環境変動と関連づけた文明史の中に位置づけた。

これらの国際プロジェクトは大規模な踏査と表面採集、小ピット発掘をおこなったが、都市の発祥や国家儀礼、王権の実態の解明には、都市の中枢部の層位学的なデータと遺物の分析が不可欠であった。メキシコ政府による「死者の大通り」周辺の復元発掘と、遺跡公園の整備を兼ねた保存作業はその後も断続的に進んだが、都市中枢からの考古資料、特に早期のデータは驚くほど

テオティワカン遺跡・南側から

少なく、前述の表層的な発掘資料がほとんどであった。メキシコ政府による中心地区の大がかりな復元発掘と、国際プロジェクトによる都市周辺部の調査の二つの成果を融合し、データを再検討する必要があった。
　またこれらのプロジェクト以外にも、様々な研究方法による調査、さらに開発のための行政発掘も、遺跡公園周辺の町の中でおこなわれてきた。しかし、筆者がメキシコに着いた一九七八年ごろでも、まだテオティワカンの都市の機能や統率者集団は不明であった。現在でも、王墓と「宮殿」の存在が実証されず王の存在を考古遺物や図像から同定しにくいことから、統治機構は覇権的な王権というより、いくつかの集団による共和的な政治組織が機能していたと主張する研究者もおり、依然として謎の古代都市である。

一九八〇年代になり、筆者らが始めたピラミッドの内部への総合調査は、王はいたのかという本源的な課題の解明にカギとなる資料を提供したと考えている。三つの大ピラミッドを異なるメンバー構成で調査し、都市計画や図像の研究、周辺住居の発掘調査の結果を統合していくと、巨大儀礼センターを創設したトップ集団の姿が、おぼろげながらみえてきた。

筆者は、すべてメキシコ国立人類学歴史研究所（ＩＮＡＨ）との共同国際調査としてピラミッドなどモニュメントの調査をおこなってきた。一九八〇年〜一九八二年のＩＮＡＨによるテオティワカン調査団は総勢六〇〇人規模で、「城塞」を含めた「死者の大通り」南半分の遺構を大規模に発掘した。筆者はルベン・カブレラ団長とともに「羽毛の蛇ピラミッド」南側の発掘を担当し、生贄埋葬体の一部を発見した。その位置関係から、さらに大規模な埋葬体が内部に埋もれていると確信し、一九八八年〜一九八九年にはＩＮＡＨとブランダイス大学（のちに筆者らの移籍にともない、アリゾナ州立大学に変更）の共同プロジェクトを結成してルベン・カブレラ氏、ジョージ・コーヒル氏とともに「羽毛の蛇ピラミッド」を集中発掘した。戦士の象徴品を伴った、一三七体以上の生贄埋葬体を発見した。一九九八年〜二〇〇四年にはＩＮＡＨと愛知県立大学・アリゾナ州立大学の共同プロジェクトによって「月のピラミッド」調査をおこない、七層のピラミッドと豪華な副葬品を含む五つの生贄埋葬墓を発見した。さらに筆者は二〇一〇年〜二〇一二年に、ＩＮＡＨ「太陽のピラミッド」調査団長アレハンドロ・サラビア氏とともにその内部調査を担当し、ピラミッド以前の建造物や埋葬体、奉納品を発見している。

これらの調査により、古代都市のリーダーらの具体的な関心事や政治体制とともに、ピラミッドや広場でおこなわれた儀礼が明らかになりつつある。そして三つのピラミッドはそれぞれ特定の意味をもちながらも、互いに関連して建てられたことがわかってきた。また、大規模な生贄儀礼について理解が深まった。一方で、古代都市周辺部の発掘調査や、行政発掘も進み、都市住民の様子もさらに明らかになってきている。

次章では、ピラミッド別に発掘調査の内容と成果をみていく。その後、計画都市全体の機能や、住民の生活について概観する。筆者は二〇二三年現在も「石柱の広場」という大儀式場―宮殿タイプの発掘調査をしており、最終章ではテオティワカンの都市中心部の国家活動について最新の解釈を加えたい。

二章

ピラミッドを掘る

1　調査にあたって

テオティワカンの景観

本章では、古代都市の中心地区のモニュメント、「月のピラミッド」「太陽のピラミッド」「羽毛の蛇ピラミッド」について、テオティワカンにつくられた景観の流れに沿って探ってみよう。「死者の大通り」の北端に、二番目に高い「月のピラミッド」がある。その真後ろにテオティワカン盆地で最も高い山「太い山」(Cerro Gordo) がそびえる。自然の地形は「太い山」から南にゆるやかに傾斜し、地表を流れる雨水は自然の川と古代人がつくった運河によって都市中心部へと導かれている。古代人は「太い山」を「水の山」とみていたと、十分に推察可能だ。「サンファン川」は都市の中心部に入ると、古代都市の東西、南北の方位に従い、つくり変えられた大運河となり、「死者の大通り」と直交している。のちに述べる象徴的な都市計画に組み込まれていたのだ。「死者の大通り」は床下に排水溝を備えている。のちに述べるように、水に関わる儀式がおこなわれたと考えられる「月の広場」から始まり、床面も同様に、南へ向かってゆるやかに傾斜し、大通りの両側にある施設からの水を集めて、大通りと交差する大運河、「サンファン川」へ流している。大通りの「城塞」の前面あたりが盆地で最も低く、「水の地下界」に最も近い場所となる。「地下界」は古代人の考える生命体の発祥源であり、死とともに戻る「黄泉《よみ》の国」、そして「城塞」とその中心にある「羽毛の蛇ピラミッド」は、水の地下界への入口として認知されていた可能性が高い。都市のマスタープラン作成時から、この「城塞」が埋葬に関わる儀式場として構築されたのだろう。のちに述べる、新たに発見された古代トンネルがあった場所であり、膨大な奉納品が発見されている。

「城塞」からさらに南に向かって地表面はゆるやかに登っており、さらに南にそびえるパトラチケ山へとつながっているこの南の延長部分には「死者の大通り」でみられるようなプラットフォームや明らかな公共施設はない。テオティワカン・マッピング調査団は、同様な規模の「南の大通り」が続いていたと提唱するが、それをサポートする考古資料はない。

テオティワカン人は盆地の自然地形を巧みに利用し、象徴的な都市景観を構築していたといえる。「死者の大通り」は、水の流れも組み込んだ儀礼の大舞台であったのだろう。そして特定の日には、ピラミッドで生贄儀式がおこなわれていたと考古データは語る。

トンネル発掘によるピラミッド調査

テオティワカンほど大規模な都市遺構は調査方法も千差万別だ。まず二つに大別すると、掘らない調査と、発掘調査がある。近年は掘らずに航空写真やLiDARによる測量、衛星画像の解析、また地中レーダー探知機や宇宙塵《じん》ミュオンによるピラミッド内の空洞探査などがおこなわれているが、何かの存在を探知したら、その何かをさらに探るためには発掘が必要だ。掘る調査も、「どこを掘るか、（さまざまな状況から）掘れるか」「どのように、どこまで掘るか」で、成果に大きな差が生じる。ともあれ、まず「何を求めるか」を決めることから始まる。

テオティワカン盆地で地表面から掘り始めると、メキシコ革命期の銃弾が出てくる二〇世紀初頭の層や、植民地時代の残骸に出くわす。それらを掘り下げて、一四～一六世紀のアステカ時代の遺構、遺物の層に到達する。アステカ建造物は簡単なつくりが多く、すぐ区別がつく。建物の方向軸もバラバラだ。その層の下には、アステカ時代からさらに古い、テオティワカン期までの千年間ほどの人びとの生活痕を含む文化層が眠っている。紀元後六世紀に古代都市が崩壊しても、巡礼や祭儀、死者や奉納品の埋葬に使われたという痕跡も出土する。それらをさらに掘り下げると、ようやくテオティワカン時代の立派な建造物、正確に同じ方向軸をもった壁や床面に出あう。しかしこれは都市が放棄された四〇〇年史の最後の残跡であり、さらにその下に、われわれの知りたい都市生活や政治変容、さらにテオティワカンの起源を語るデータが潜んでいる。中心地区の移住区では通常三～七メートル、ピラミッドなどでは数十メートルの厚い文化層をなす。建て替え、増築が頻繁におこなわれた住居群の層は複雑で難解だ。さらなる問題は、その内部まで掘り進むには、それを覆っている後期の建造物を壊さなければならない。すでに壊れた部分を

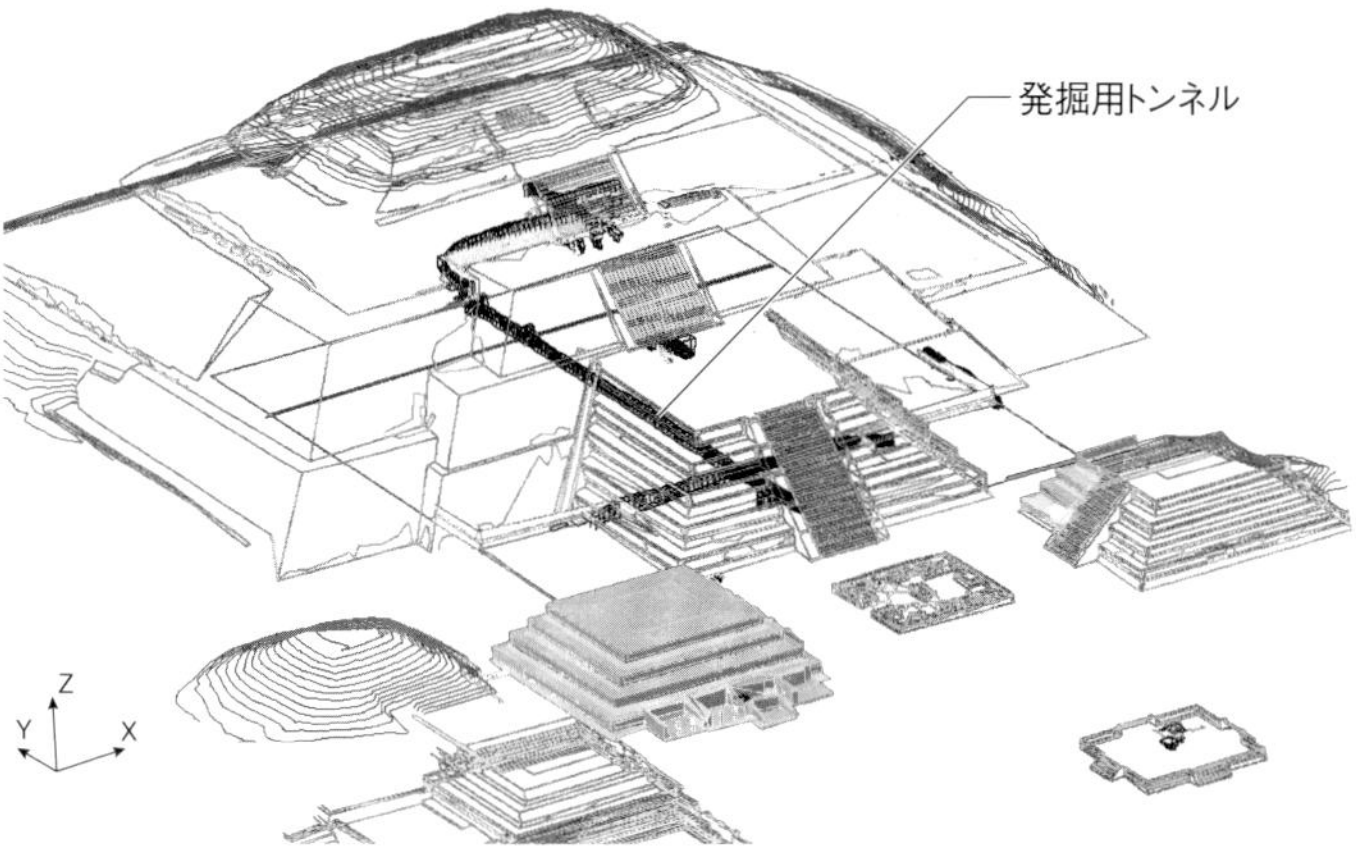

「月のピラミッド」のトンネル発掘。©MPP

利用して掘り下げる調査が一部でおこなわれているが、重なる建造物の保存問題から、テオティワカン形成史の中核は、現在も文字どおり埋もれたままだ。

ピラミッドの外部広場を発掘しても付随するデータは少なく、ピラミッドのもつ意味や、機能についての理解は進まない。一方でピラミッド自体は、国家の統率するヒトと資材を投入して建設され、リーダーたちの宗教的世界観や政治を反映していたと想定できる。そこで筆者らが一九八〇年代からテオティワカン研究で使った方法が、モニュメント内部へのトンネル発掘だ［88頁の図］。筆者が携わったメキシコ国立人類学歴史研究所（ＩＮＡＨ）・愛知県立大学（現在は岡山大学）・アリゾナ州立大学などの国際共同プロジェクトにおいては、まず外部施設の精確な３Ｄ地図を作成し、それをもとに内部へのトンネル調査を計画した。それまでの測量調査で、テオティワカン人は驚くほど正確な建築技術をもってい

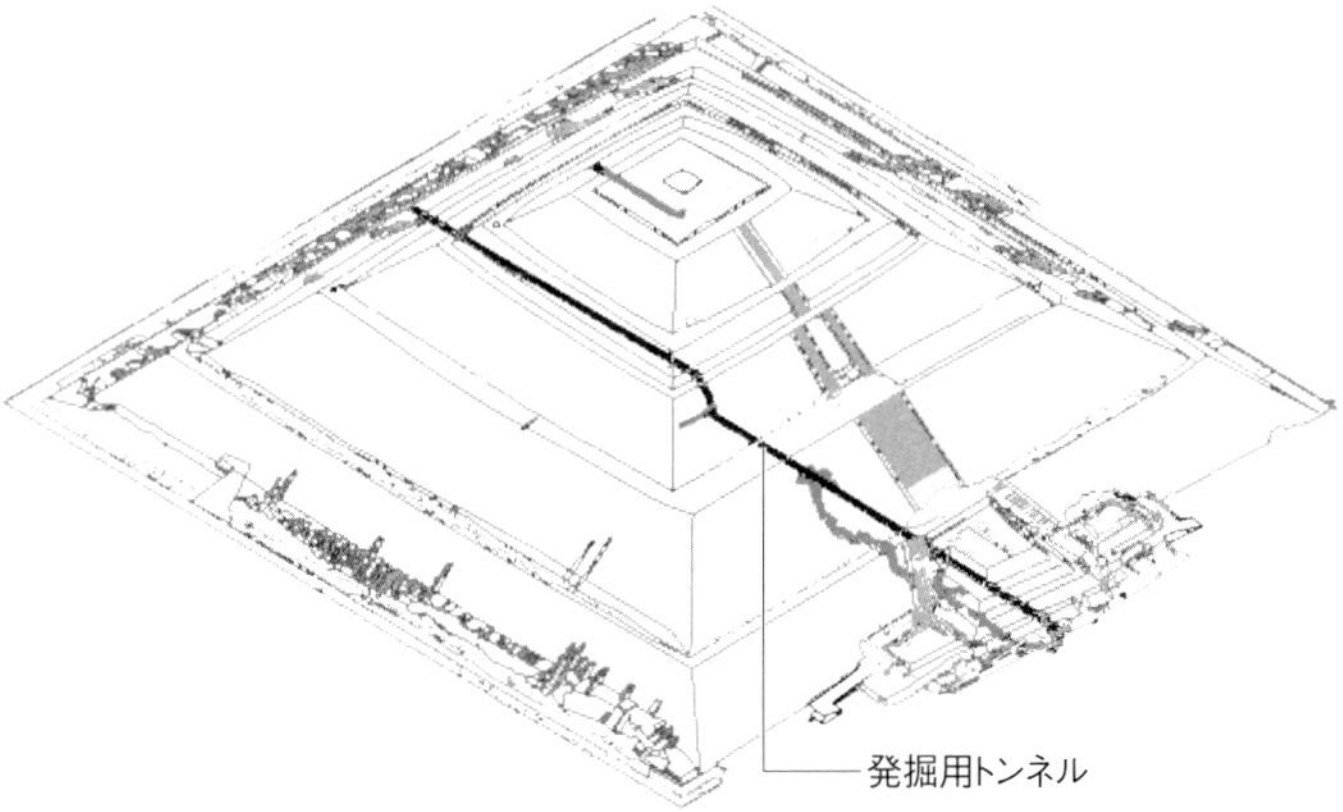

「太陽のピラミッド」のトンネル発掘。©MPP

たと理解していたので、特にモニュメントの中心軸に沿ってトンネル発掘を計画した。結果として、テオティワカンの三大ピラミッドすべてにおいてトンネル調査を実施し、移住区では得られない貴重な資料を入手することができた。

まず「羽毛の蛇ピラミッド」では、一九八八年からピラミッド中心に向けて南北軸上にトンネル発掘し、紀元後二〇〇年ごろに二〇〇体以上の戦士や神官、女性が生贄にされピラミッド内部に奉納されたことを発見した。従来、テオティワカンは個人の権力者の姿がみえない、共和的な神権政治と考えられがちだったが、軍事的な覇権国家だった可能性を提示した。しかし期待された王墓は、ついにピラミッド内部からは発見されなかった。

「月のピラミッド」は、内部調査がほとんどなされていなかった最も不可解なモニュメントであった。一九九八年から二〇〇四年まで実施した「月のピラミッド」のトンネル調査は、古代都市国家が拡大するプロセスを明らかにした。ピラミッドが六回の増築により大きくなったこと、また増築に伴い、様々な生贄埋葬がおこなわれたことがわかり、為政者集団の宗教的世界観、高度な工芸技術、審美観をうかがうことができた。圧巻は生贄体とともに捧げられた大量の動物たちだ。鷲《わし》、ジャガー、ピューマ、狼、ガラガラ蛇などが、ピラミッド内部へ生贄奉納されていた。

「太陽のピラミッド」では、エジプトのピラミッドにおける古代トンネルの発見に刺激され、二〇世紀前期よりすでにトンネル調査がなされていた。しかし広場の床面レベルのトンネル調査で、期待した王墓の発見はなかった。筆者らは前述のトンネル調査の経験から、テオティワカン人は岩盤レベルに埋葬墓をつくる傾向のあることを感知し、「太陽のピラミッド」でも既存のトンネルの床面から岩盤への発掘をおこなった。それにより前ピラミッドの建築痕、子供の生贄埋葬、また仮面、ヒスイ製品などを含む豪華な奉納セットを発見した。

さらに「太陽のピラミッド」における先行研究の再調査をおこなった。一九七〇年に、偶然、「太陽のピラミッド」下に古代トンネルが発見されていた。正面階段下に深さ七メートルの竪穴が掘られ、さらにその地点から水平にピラミッド中心に向かって長さ約一〇〇メートルのトンネルが続く。発見当時も王墓の可能性を考えて内部調査がなされたが、すでに盗掘されていた。王墓であることの確たる証拠もなく、トンネルは聖なる洞窟であり、その上に「太陽のピラミッド」が建設されたと当時は解釈された。しかし、筆者は二〇〇九年～二〇一一年にその形態や位置、また内部に残された遺物の再調査をおこない、この古代トンネルは本来王墓としてつくられた可能性が高いと考えるにいたった。

さらなる偶然の大発見は、二〇〇三年に「羽毛の蛇ピラミッド」下でみつかった古代トンネルである。この偶然の発見はテオティワカン国家の解釈を大きく変えつつある。まず、「城塞」の中央広場から岩盤をくり抜いた、何と深さ一五メートルに達する竪穴がみつかった。その底から一〇三メートル水平に、古代トンネルがピラミッド中心点まで続いていた。想像もしなかった大型古代トンネルである。残念ながらその内部は再利用され、盗掘されており、本来の目的はいまだ確証できていない。しかし近年の「城塞」の調査、「羽毛の蛇ピラミッド」の石彫の研究、さらに古代トンネル内部にまだ残されていた膨大な数の奉納遺物の分析から、この古代トンネルの最奥部も本来は王墓であった可能性が示されている。

そうであれば、「羽毛の蛇ピラミッド」内部で発見された二〇〇体以上の集団生贄埋葬体は、その一七メートル下に埋葬された王に殉葬された戦士軍団であったのでは、と合点がいく。関係が不明瞭だったピースがつながった瞬間だ。突然の発見は考古学のロマンをかき立てるが、その後に続く調査、遺物の科学分析や発掘データの再解釈が、本来の考古学の醍醐《だいごみ》味であり、今後の遺物分析結果が待ち遠しい。

それぞれのピラミッド調査はおよそ一〇年かかっている。それぞれの発掘とその成果をまずみてみよう。

月のピラミッドを象徴する「水の女神像」。ピラミッドの西側面から出土。高さ3.2メートル、幅1.65×1.65メートル

2 「月のピラミッド」を掘る

先行研究と新発見

筆者らは「月のピラミッド」とその複合施設「月の広場」を総合的に調査する計画を立て、一九九八年に発掘調査に着手した。ピラミッド内部はそれまでほとんど未調査だったことから、大規模なトンネル発掘を中心に計画を立てた。メキシコ国立人類学歴史研究所(INAH)と、筆者の所属する愛知県立大学、アリゾナ州立大学の共同調査としておこない、成果を挙げた。以下は、一九九八年~二〇〇四年までの集中的な発掘調査の成果をまとめ、さらに他地区の研究から得た新視点を加えた現在のピラミッド像である。

発掘では、いくつかの仮説を立てながら調査を進める。しかし、期待どおりのデータが出土することより、想定外の発見が多い。テオティワカンの南北中心軸上にある唯一のモニュメント「月のピラミッド」は「月の広場」に面し、広場を取り囲むように小、中型神殿ピラミッド群が左右対称に立ち並ぶ。これらが全体で大儀式場をなしていた〔53頁の上の図〕。一九六〇年代にI

NAHによる大がかりな調査団が、この「月の広場」全体と、「月のピラミッド」前面の発掘・復元をおこなっている。調査団はトラミミロルパ前期（紀元後二五〇年～三五〇年）という暫定的な年代を与えたが、当時の詳細な発掘資料と遺物の多くは現在入手困難で、再分析は難しい。さらに、内部に古い建造物を含んでいる可能性が残っていた。トンネル発掘自体、参考になる先行研究資料がなく、手探りの、また試行錯誤が連続の調査であった。

発掘調査は大きく分けて、ピラミッド内部へのトンネル発掘と、外部での試掘坑（ピット、トレンチ）の発掘があるが、本書では、トンネル発掘を中心に記述し、外部に関してはストーリーに関係する部分のみ触れる。

この調査に先行した一九八〇年代の「羽毛の蛇ピラミッド」の発掘経験から、ピラミッドの中心軸、四隅、中心点をおさえることを念頭においてトンネル発掘を計画した。まず、「月のピラミッド」本体と前庭部（アドサダ）の関係を理解するため、両建造物がつながる南西部の壁の外側に試掘坑を掘った。そこを起点に、前庭部の外壁の基礎を潜るようにピラミッド内部へ入り、地山面を出しながら東西方向にトンネル発掘を開始した（トンネル1）。前庭部内部へ四メートル入ったところで、予期せずに南北に走る古い壁にあたった［57頁の左下の図］。さらにその内部に入ると三つの重複したさらに古い壁が現れた。初期の建造物は現在のピラミッド本体の中心ではなく、前庭部のある位置に建てられたことがわかる。これらの壁は、まず前庭部において早期のプラットフォーム（第一期ピラミッド）がつくられ、次の時代にはそれを覆うように同型のプラッ

上は「月のピラミッド」の背後にそびえる「太い山」。「月のピラミッド」から「死者の大通り」の地下を水路が通る(下の図、©PMCC3D)。「太い山」を出発点としたテオティワカン盆地の景観を利用し、古代の世界観を具現化している

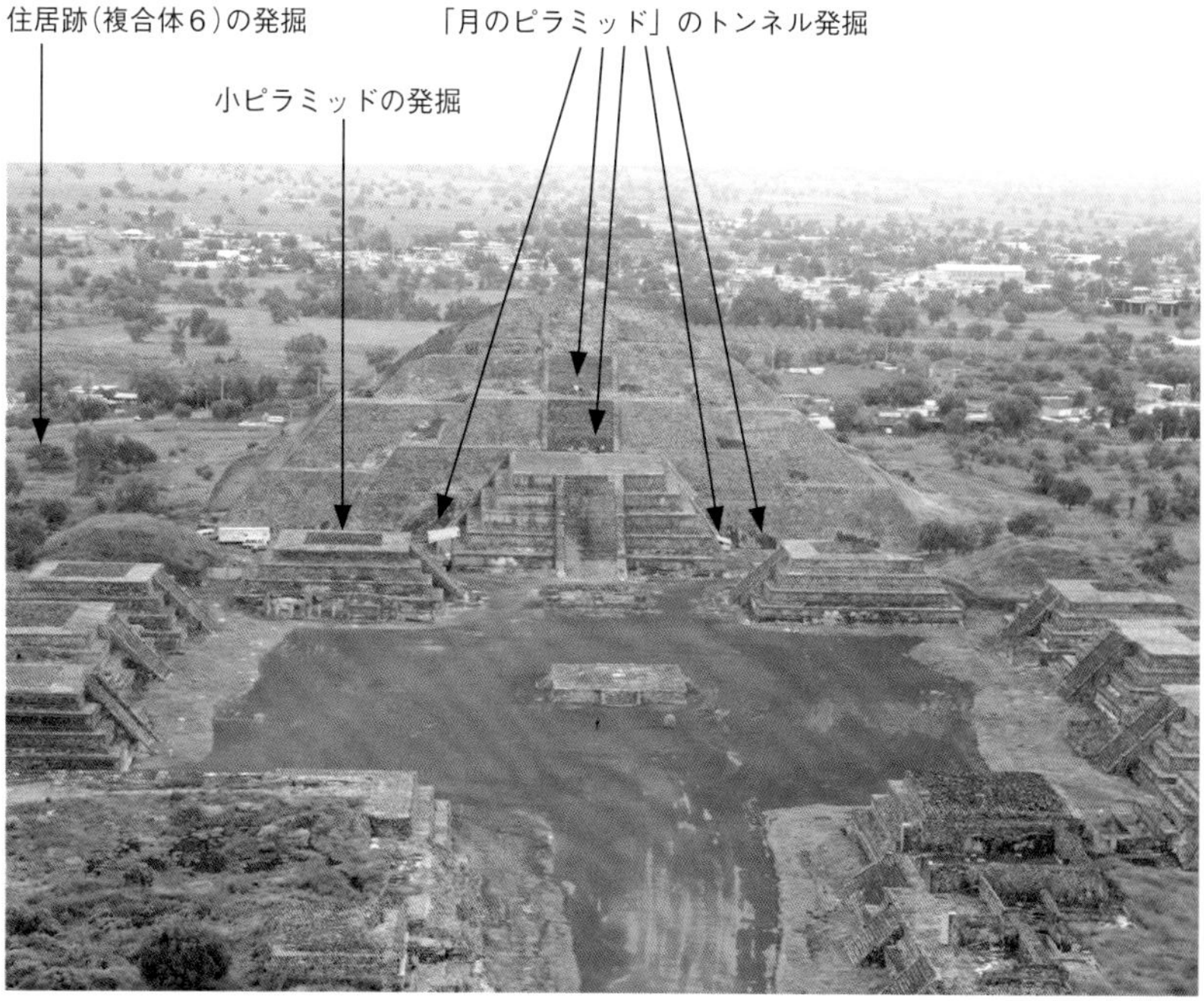

「月のピラミッド」発掘プロジェクトとピラミッド調査用のトンネル入口の位置

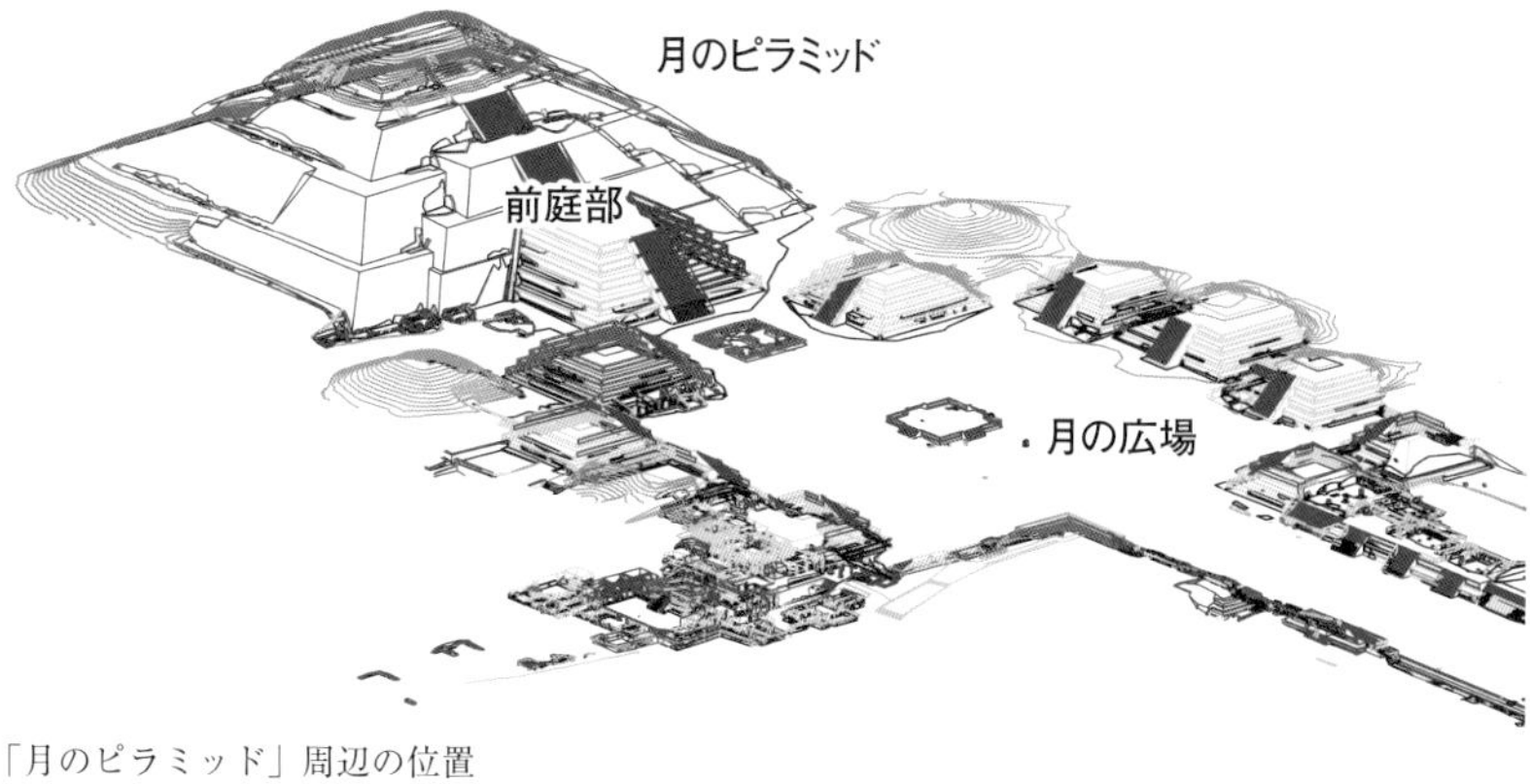

「月のピラミッド」周辺の位置

トフォームが増築されたことを意味する。

この東西トンネル発掘の後、今度はピラミッドの南北軸に沿って、北へ向けてトンネル発掘を続け、ピラミッドの中心点まで到達した（トンネル２）。後述するように、この中心軸上に生贄埋葬墓が三基出土した。さらに南北軸上を、今度はトンネル１から南方向へトンネル発掘を進め、前庭部の階段を登る観光客の足音が聞こえるほどの距離まで進みながら、内部構造を調査した（トンネル３）。古い建造物が集まる前庭部で最も古いデータが得られる可能性から、その中心点をできる限り掘り下げた。テオティワカン人は「太陽のピラミッド」や「羽毛の蛇ピラミッド」の下でみつかったトンネルのように、ピラミッドの中心軸上に岩盤をくり抜いて古代トンネルを掘る傾向があるので、「月のピラミッド」でもその存在を確認するため、電気ドリルをレンタルし、岩盤層を垂直に七メートル掘り下げた。岩盤があまりに固くドリルの先端が壊れたため、テオティワカン人が現代人より深く掘れたとは考えられず、発掘を中断した。これにより、「月のピラミッド」前庭部にはその南北軸に沿う古代トンネルは存在しないと結論づけた。

地山直上のトンネル発掘により、「月のピラミッド」の盛土の内部に七時期の重なり合うピラミッドと三基の生贄埋葬墓を発見した。「月のピラミッド」（第七期ピラミッド）中心軸上に、六時期の古い建造物（第一〜六期ピラミッド）が、それぞれ一時代前の建物を覆うように拡張されてきたことを確認できた【57頁の右の図】。また「月のピラミッド」中心部に向けての南北トンネルの発掘で発見した生贄埋葬墓２、３、４は、トンネル１から北へそれぞれ約六、七七、八二メートルの地点にあった。それぞれの詳細は、次項以後で述べる。

それまでの研究で、ピラミッド建築はテオティワカン人の世界観を具現すると考えられ、内部に埋め込まれた生贄埋葬も世界観の構成要素だと考えられてきた。そうであるなら、ピラミッドの最上部、また三次元の中心点も特異な地点であり、奉納品、もしくは生贄埋葬墓がある可能性が大きいと考えた。また、現在みられるピラミッド（第七期）の最上部は完全に破壊されているため、その機能と象徴体系の解明は不可能だ。しかし前時期のピラミッドは、増築のためその当時に埋められたので、基壇の頂上部は保存状態がよいと想定し、ピラミッド上層部でトンネル発掘をおこなった。増築された各ピラミッドの正確なデータは岩盤上のトンネル調査で得られているので、五期基壇の最上部の床面の位置をコンピューター上で割り出した。

それに基づき発掘したところ、はたしてトンネル内に非常に保存状態のよい、頂上部の床面が現れた。しかし意外にも、神殿の跡や壊された跡もなく、ピラミッド頂上は元来、床面と儀式台だけがあったと明らかになった。つまり「月のピラミッド」内部で発見された第五期ピラミッドは、神を祀る神殿ではなく儀式をおこなう舞台として機能していたのである。さらにその最上部の床面からは、埋葬墓5が発見され、三体の特殊な生贄埋葬体があった。次節で述べるように、マヤ王朝出自の神官を葬ったものであろう。

さらに図面上の計算をもとに、第四期ピラミッドの中心を目指して別のトンネル発掘を開始した。埋葬墓があるだろうと想定し、その確認のためだ。南北の中心軸上ではあるが、なぜか真の

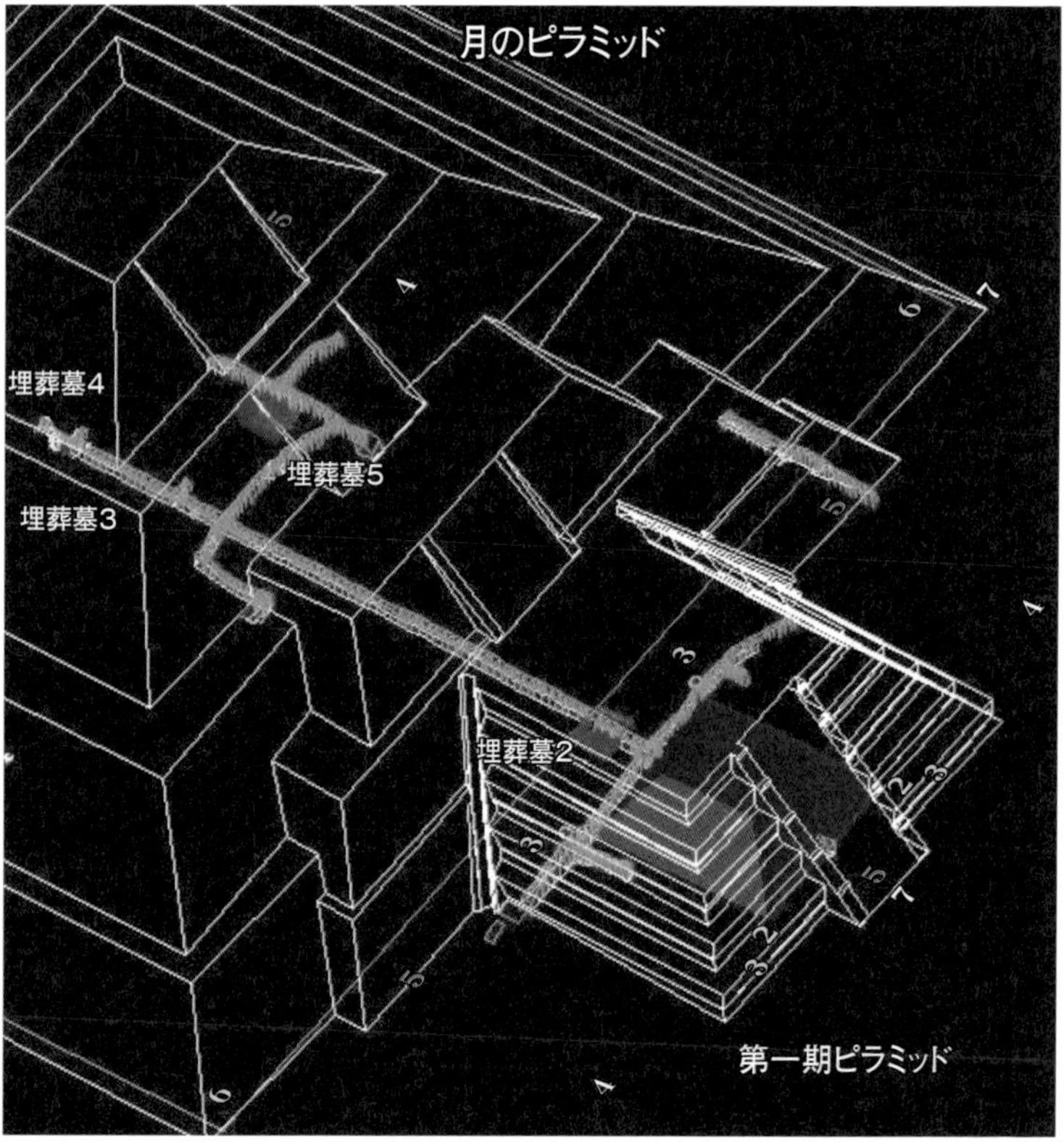

緑の線が発掘調査のトンネル。数字は各期のピラミッド。北面から「月のピラミッド」の前庭部の下に第一期ピラミッドが築かれていたことが確認された。©MPP

トンネル１の発掘で判明したピラミッドの盛土の充填方法(左上)。発掘の過程で第一期ピラミッドの北側の立ち上がり面を確認する「月のピラミッド」調査団共同団長のルベン・カブレラ氏(右)。トンネルを掘っていくと内部で壁が立ちはだかった(左下、第五期ピラミッドの壁)ⒸMPP

中心より北にずれた位置に大量の副葬品や動物遺体とともに一二体の生贄埋葬が発見された（埋葬墓6）。

ほぼ五〇年の間隔で、古いピラミッドは新しい、より大きなピラミッドで覆われてきたことがわかった。ピラミッドの増築の痕跡は国家の政治的拡充を反映していると考えられる。

その四期、五期、六期増築時に捧げられた計五つの生贄埋葬墓からは、総数三七人の異なった身分の犠牲者が、豪華な副葬品や戦士の象徴品を伴って埋葬されたことがわかり、また総数一〇〇体以上の動物の生贄埋葬体も発見された。これらは当時の宗教的世界観、抗争に関する資料を含んでおり、生贄埋葬墓は王の軍事力と権力を誇張するために造営されたと考えられる。

以下、「月のピラミッド」本体の調査結果、「月の広場」の発掘成果とともに、「月のピラミッド」のシンボリズムと機能について年代順に考察しよう。

第一期ピラミッド

第一期のピラミッドは、底辺が東西、南北とも二三・五メートルの正四角錐台形をしており、放射性炭化物^{14}Cデータの年代は紀元後一〇〇年ごろに建設されたと示している。テオティワカンで最も古いピラミッド型基壇となる。ピラミッドの北西角から北東角まで、傾斜した壁（タルー）の北面、立ち上がり面を掘り出した。またトンネル3で南面も確認したが、上部は掘っていないため、高さはわからない。小さいながらも、ピラミッド型の基壇であり、儀礼場であったと考えられる。掘り出した北面は、のちのテオティワカン計画都市でスタンダードになった東西軸より四度南にずれており、現在みられる都市計画が実施される前に建造されたモニュメントだったと考えられる。

第二期、第三期ピラミッド

比較的小さな初期モニュメントで、第一期から第二期（東西底辺幅、約二九・三メートル）、さらに第三期ピラミッド（同約三一・三メートル）へと徐々に拡大している。小規模ながら、前の建造物を完全に覆うように拡大している。

第四期ピラミッド

紀元後二五〇年ごろに起きた第四期ピラミッドへの増築は、東西基壇幅が約八九・二メートル、南北八八・九メートル（推定）と前三基に比べて飛躍的であり、ピラミッド底面の平面積で、およそ九倍近い大拡張となっている。放射性炭化物^{14}Cデータの年代は二〇〇年〜二五〇年を示し、土器分析ではミカオトリ期（一五〇年〜二五〇年）に相当する。「太陽のピラミッド」の創立期、また「城塞」とその主神殿「羽毛の蛇ピラミッド」と同時代に相当し、現在みられる古代計画都市の創立期にあたる。

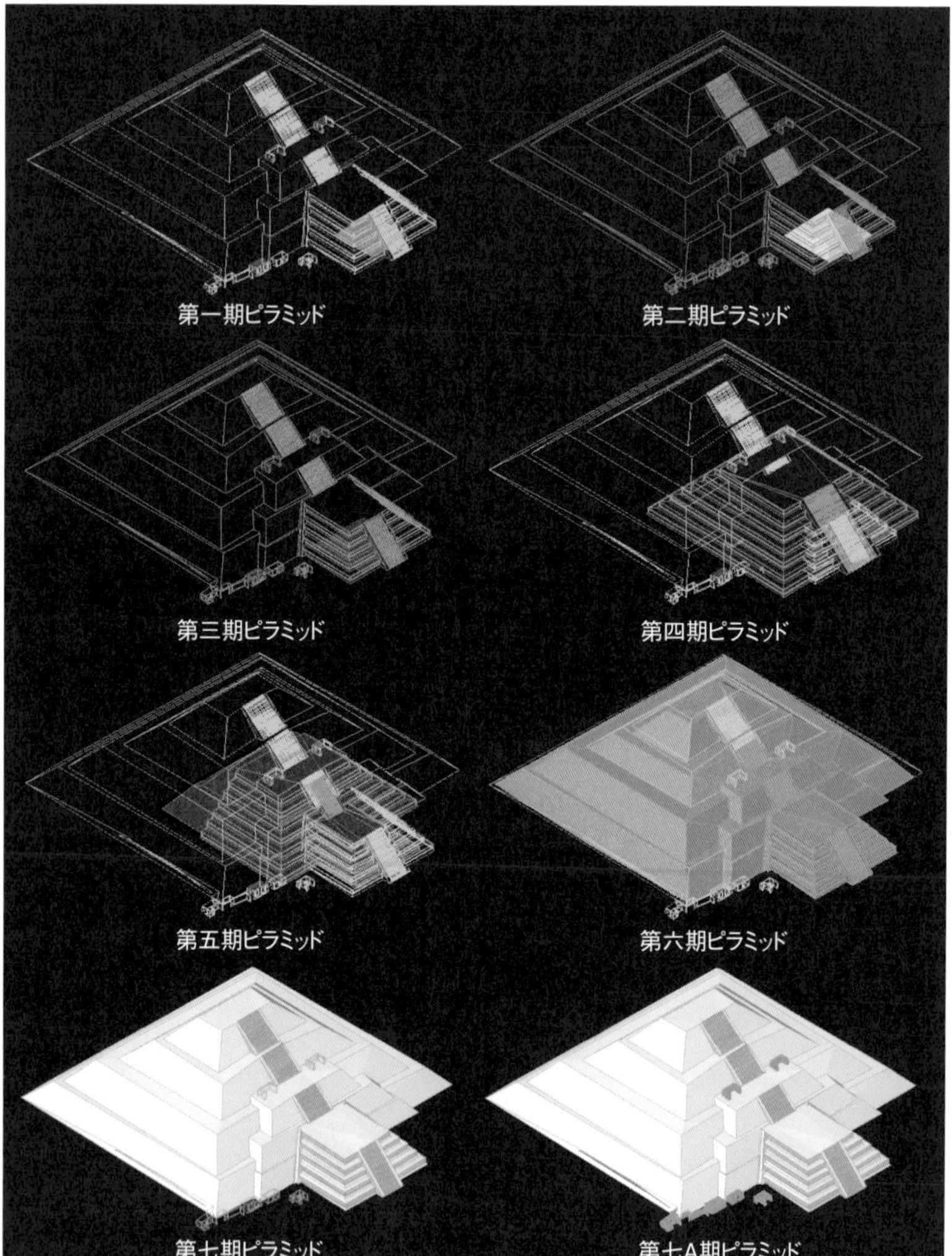

現在の「月のピラミッド」の中に6つのピラミッドが重なりあっていることが判明。とくに第四期に飛躍的に拡大したことがわかった。©MPP

埋葬墓2から出土した生贄埋葬の想像図（早川和子画）。写真は埋葬墓2の2組の黄鉄鉱製の鏡の付近にあった人型石像。©MPP

・埋葬墓2

「月のピラミッド」中心部に向けての南北トンネル2では、東西トンネルから北へそれぞれ、約六、七七、八二メートルの地点でそれぞれ時代の異なる埋葬墓2、3、4を発見した。重複するピラミッドの第四期、第五期、第六期に相当する。「月のピラミッド」内のトンネル発掘で、はじめての埋葬体の発見であり、期待はしていたものの、どのように出土するのかわからず、文字どおり手探り状態の発掘であった。

埋葬墓2は、ピラミッドの南北中心軸上、第三期ピラミッドの北壁の外、五メートルの地点に、第四期ピラミッドの盛土を敷き詰め始めたときに設置、儀礼がおこなわれ、直後に埋められたものである。ピラミッドをつくり始める初期に捧げられた埋葬儀礼である。

墓室は天井がなく、四方は粗づくりの石壁に囲まれており、中にぎっしり詰められていた盛土の下から、多くの副葬品と人骨一体、そしてさまざまな動物骨が発見された。埋葬体と副葬品が置かれた直後、すべて土砂で埋め尽くされ、引き続き墓室全体がその当時建設中の第四期ピラミッドの盛土でさらに覆われた。副葬品はヒスイまたは蛇文石製の耳飾り、ビーズ、人物像、黒曜石製の多数の鏃《やじり》、儀式用の大型ナイフ、石刃、人物像、自然貝のほか、貝製のビーズ、ペンダント、耳飾り、また貝製の上顎骨《じょうがくこつ》イミテーションを組みこんだネックレスなどであった。また戦士の表象と考えられる黄鉄鉱製の鏡、トラロク神の壺などの土器、有機質製品の破片など出土物は

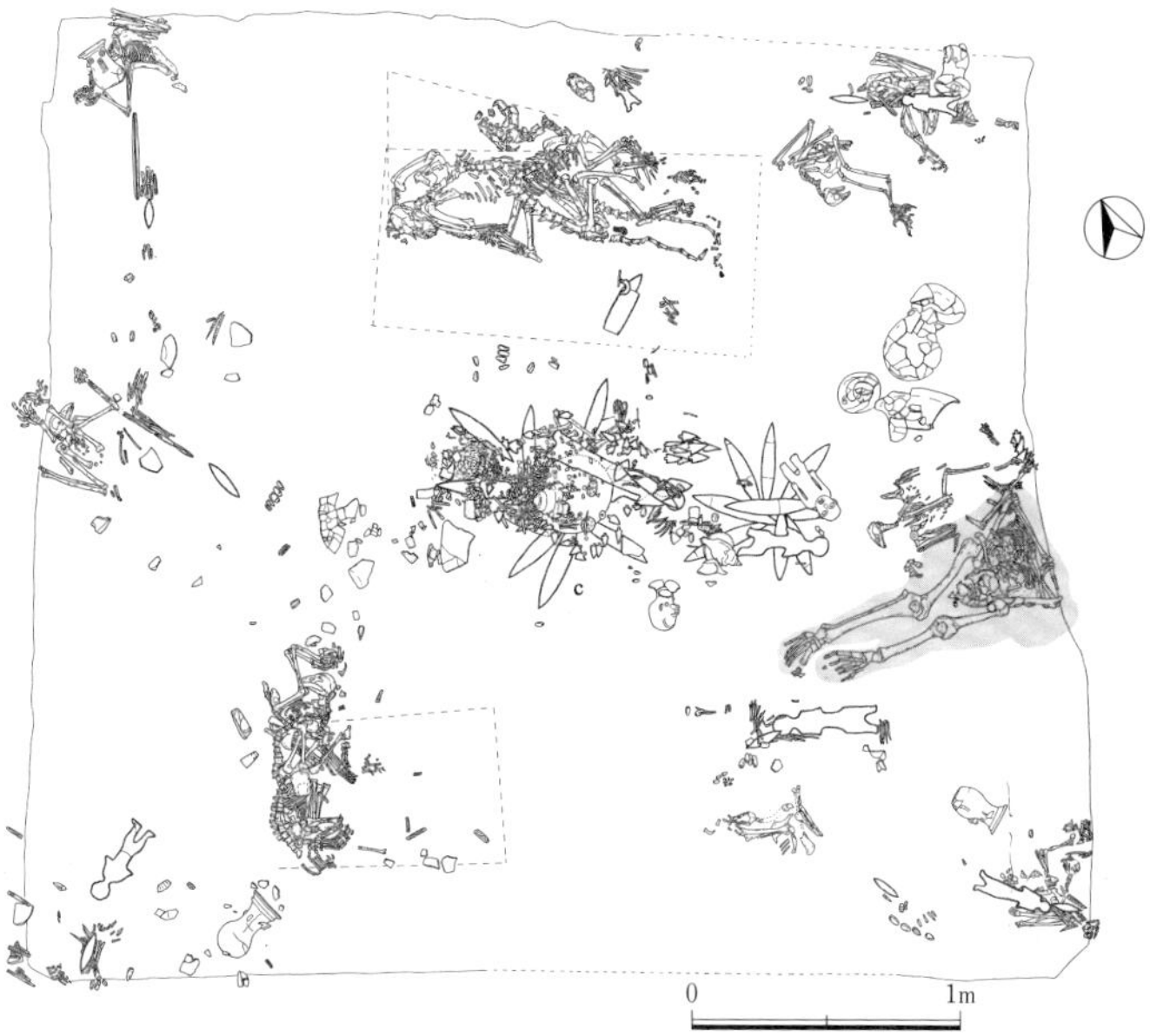

埋葬墓２の出土状況。©MPP

数百点に及ぶ。また動物骨はピューマ、狼、鷲、梟《ふくろう》、ガラガラ蛇と同定され、メソアメリカで最も希少な動物の奉納であった。ピューマと狼は檻《おり》の形を留めた木枠跡内部で発見され、ジャガーの骨盤付近からは糞石も発見されたことから、これらの動物は木檻の中に入れられたまま生き埋めにされたと考えられる。鷲も足が縛られたような位置関係で出土しており、明らかに四方、四隅、中央に配置され、おそらく生き埋めにされたと考えられる。

動物生贄には、野生界に君臨する最も獰猛《どうもう》な動物が選ばれ、人間の生贄体とともに、神殿に捧げられたのであろう。これらの特定の動物は、

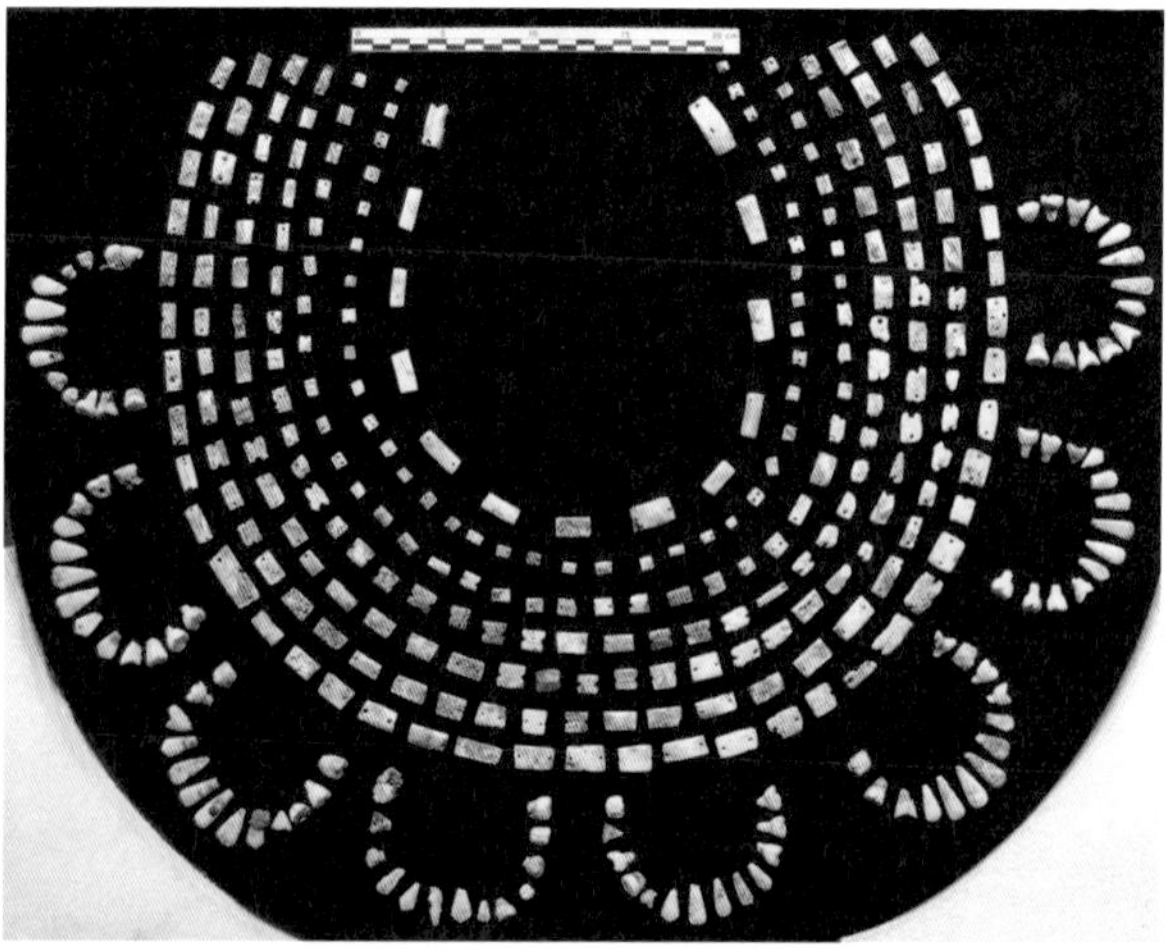

埋葬墓２で出土した耳飾りとヒスイ輝石岩製人形(右上、高さ30センチ。女性を表す。ジーザス・ロペス氏提供)と黒曜石製人形(左上、高さ約50センチ)。下はヒスイ製人形に添えられていた貝製の首飾り。戦士のシンボルとされる。外周部は人の歯を表したもので貝製のイミテーション。©MPP

埋葬墓6の発掘の様子。左下は埋葬墓の壁面。生贄の儀礼をおこなったのちに部屋全体を覆った。右はモザイクの石像を取り上げたところ

のちのテオティワカンの壁画や図像によると、戦士の表象として、また生贄儀礼の執行者として描かれている。「月のピラミッド」の増築と生贄墓造営を統率したリーダー集団が、おそらく軍事によって覇権的国家を形成していたことを示唆し、その権力の表明として大規模な生贄儀礼をおこなっていたのだろう。ピラミッドはその聖なる儀式の舞台であり、またこの世を治める政治力のシンボルとして機能していたと考えられる。

人骨は墓の内部に一体だけ確認され、前述したような、それまでテオティワカンで出土したことのない副葬品を伴っていたため、発見当初、これは王墓かと議論された。しかし人骨の両腕は背中に回され、手首付近で重なって出土したことから、後ろ手に縛られていた可能性が高く、またその従属的位置関係からも、他の動物体と同じく捧げ物として生贄にされたと解釈されている。特殊な墓の状況や稀な遺物から判断すると、生贄の人物は位の高い重要人物であった可能性が高いが、すべての奉納物とともに当時建設中であった第四期ピラミッドに捧げられたと考えるのが妥当であろう。

・埋葬墓6

埋葬墓6は、埋葬墓2と同じように、第四期ピラミッドの建立時に埋め込まれた墓である。建設中の第四期ピラミッドの三次元の中心点を目指してトンネル発掘を試みたが、みつからず、それでも南北軸上を、中心点からさらに北に向けて掘り進み、二〇〇三年の発掘期間終了間際にようやく発見した。二〇〇三年度は盗掘予防のためトンネル入口を厳重に埋め戻し、次の二〇〇四

壁画に描かれた生贄に関わる動物のモチーフ。左は心臓を貪るジャガー、右は戦士の装備をした狼

年度に態勢を整えて埋葬墓の調査に取りかかった。三次元的中心点は地上で確認したピラミッドの平面データから導いたものだったが、いまだに北にずれていた理由はわからない。しかし、不確定要素を想定し、フレキシブルに発掘領域を拡大したことが功を奏した。

二〇〇四年度は墓室の上部から調査することとし、トンネルへの入口を上部へ移動するために補助トンネルの発掘から始めた。四方の壁を確認して、規模と構造に合った鉄骨の天井を建設した。内部空間はすべて盛土で詰まっていたので、上部から盛土を少しずつ水平に剝《は》ぐ作業である。出土する埋葬体や奉納品を記録し、取り上げていく。床面から一メートルの高さで、盛土の中から香炉台が出土した。おそらく生贄埋葬の終了後、香を焚いて生き埋めにした人や動物を弔う儀式をおこなったのだろう。

ピラミッド全体の層位関係から、埋葬墓2が第四期ピラミッド建設工事に着手したときに当時の床面上に設置されたのに対して、埋葬墓6は第四期ピラミッドの盛土が半分

多くの人と動物の埋葬体、中央に高貴な身分の生贄が確認された埋葬墓6の想像図（早川和子画）。中央南の空間では生贄用ナイフのみが出土。実際に斬首の儀礼がおこなわれたと考えられる

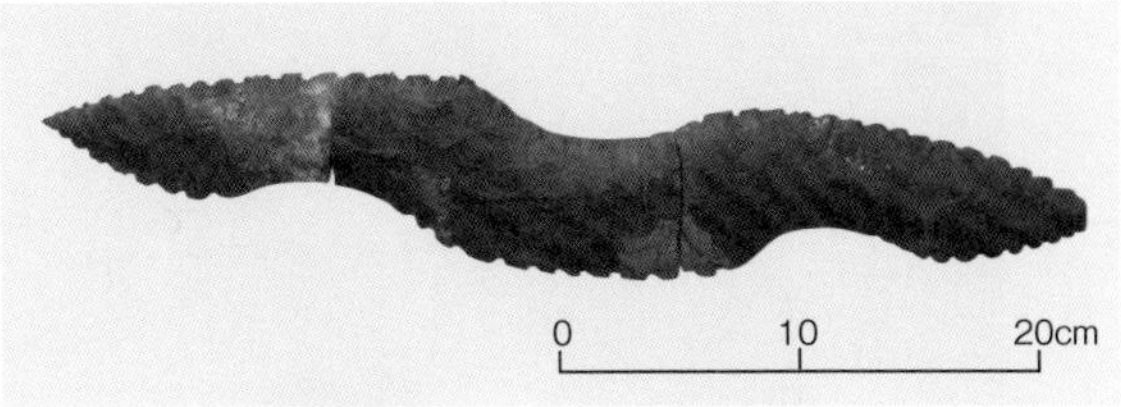

黒曜石製蛇形(上、38センチ)とナイフ(下、長さ45センチ)と壁画に描かれたナイフを握って儀式をおこなう人物

出土した壺。右端のもの、高さ20センチ

埋葬墓6から出土したモザイクの石像(高さ31センチ)とその補修後の姿。©Secretaría de Cultura-INAH-MEX. Foto: Jorge Pérez de Lara Elías

埋葬墓6中央あたりの黄鉄鉱製の鏡、黒曜石製品、モザイクの石像の出土状況

ほどできた段階で生贄儀礼がおこなわれている。土を固めた床の上に石壁を四方につくり、囲まれた空間内で儀礼が執行された。天井もなく開かれた空の下、おそらく昼間であれば、後述するように、墓の中央に置かれた黄鉄鉱製の鏡は黄金のように太陽光を反射していただろう。西に沈み、地下界を通り東から昇ると考えられていた太陽を象徴していたと思われる。多くの希少な象徴品や大量の生贄埋葬体は、古代テオティワカン人のコスモロジー、そして死生観を具現化している。埋葬墓2に始まり埋葬墓6の儀礼空間を内包するピラミッド建設は、聖なる山に生命力を与えるドラマともいえる。

墓の中は、整然と敷き詰められた象徴的な奉納品、そして人と動物の生贄体で満ちていた。一二体の人骨のうち一〇体に首がなく、埋葬墓2と同様、生きたまま連れてこられ、打ち首が執行されたと推測される。残り二体は生き埋めにされたか、儀礼で生贄にされ、即座に埋められたと思われる。

生贄のピューマの胃の中からウサギの骨、それも焼けた跡がある骨がみつかっている。生贄にされる直前に食べたウサギ料理だろう。聖なる儀式に捧げられた生贄動物、そしておそらく人間たちも、最後の晩餐を与えられていたと思われる。動物の足の骨には縛られた跡があり、檻の木枠でも噛んだからか、歯はひどく消耗しており、また骨の同位体分析から、トウモロコシを食べていたことがわかっている。長い間、テオティワカンのどこかで飼育されていたのだろう。

中央部南部分には、ひとつの生贄用ナイフ以外、遺物も骨もない、開かれた空間がある。筆者はここで打ち首がおこなわれたと考えている。その後、首を取られた体は、北側の壁近くに無造作に積み重ねられたと、墓内部の空間配置は示唆している。

埋葬墓6に含まれていた副葬品は、軍事的色彩を帯びたもの、または生贄の儀式用具やそのシンボルが多く、また埋められた動物も、のちの時代のテオティワカン図像例によると、王権と戦士の最も顕著な表象であったといえる。これらの埋葬墓がつくられた第四期ピラミッド建設での飛躍的拡大と関連づけて考えると、テオティワカンにおいて国家拡張期にあったこの頃、埋葬墓2と6は軍事力の重要性と国家覇権の強化を象徴的に表したという解釈が妥当であろう。また、第四期ピラミッドの建設は、「羽毛の蛇ピラミッド」の建立時にほぼ相当することから、当時、二大モニュメントで確立された国家権力を内外に表明するために建造されたと考えられる。

第六期ピラミッドの下に第五期ピラミッドの頂上部床面が奇跡的に残っていた。上の図中の緑色の部分がトンネル発掘の箇所。下の写真は頂上部の床面の西辺にあたる。床は化粧漆喰で仕上げられていたが、神殿などはなかった。©MPP

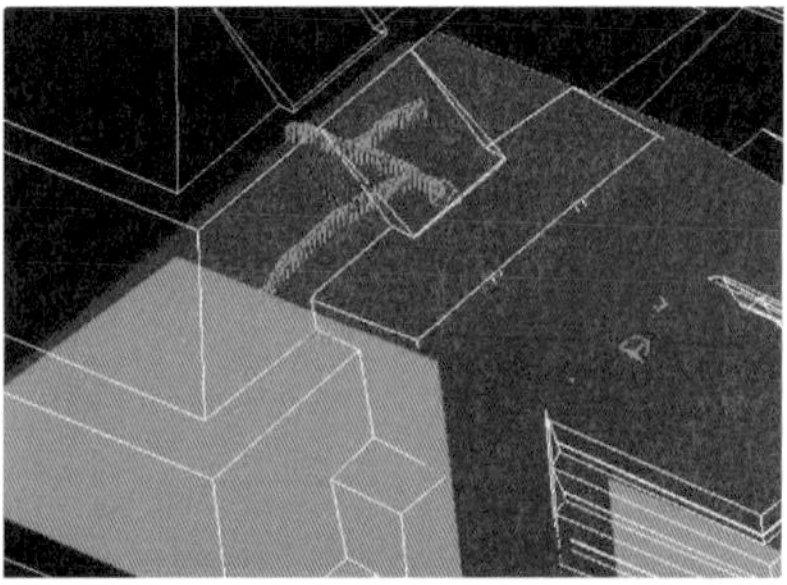

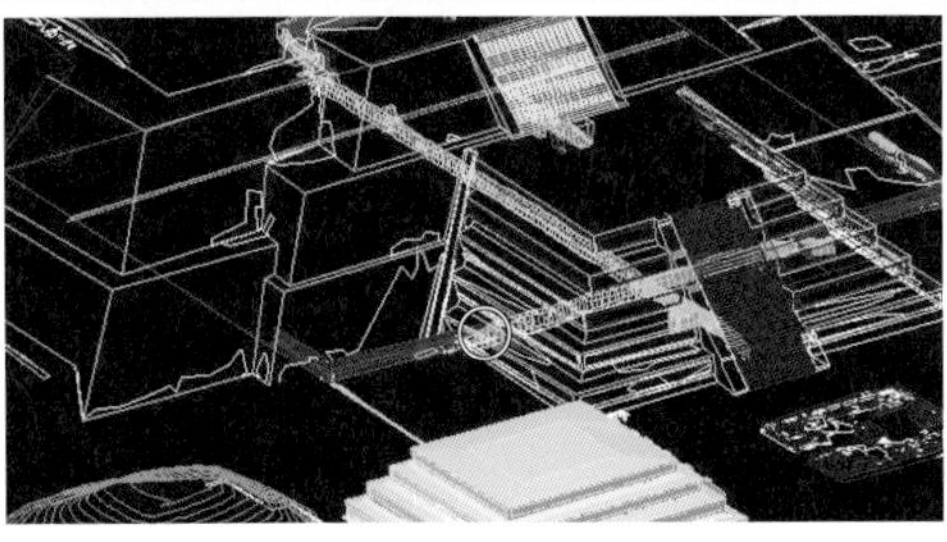

第七期のピラミッド前庭部のトンネル1発掘でみつかった第五期ピラミッドの前庭部の壁。上の左側の斜面は第五期ピラミッド本体の壁で、前庭部(右側)との接合部分。下の図の中央、赤い線と緑の線の接合部分(○印)が上の写真の壁の位置。©MPP

第五期ピラミッド

第五期ピラミッドは、基壇平面規模（東西八九メートル、南北一〇四メートル以上）は第四期からさほど拡張していないが、建築様式は大きく変化した。ピラミッド型の本体に、アドサダと呼ばれる前庭部が前面（南側）につけられた形だ。興味深いことに、この新しい複合建築スタイルは、「太陽のピラミッド」、さらに都市中心部の南端にある「城塞」の中心神殿、「羽毛の蛇ピラミッド」でもみることができる。第五期ピラミッドは、[14]C年代で、二五〇年〜三〇〇年を示している。考古学年代は、最大プラスマイナス五〇年の誤差を考慮すべきだが、ほぼ同じ時期に三大ピラミッドで、創設期にはなかったアドサダ建築が採用されたことは、何か重要な政治的意図や象徴的な意味の変化があったと考えていいだろう。「羽毛の蛇ピラミッド」でのアドサダでは、テオティワカン政治体制の大変容、もしくは一時的な破壊を含む内乱の可能性も示唆するデータが出土しており、同時期にあたる第五期と第六期の「月のピラミッド」もそれに関連して検討すべきだろう。

第五期ピラミッドでは、その頭頂部のトンネル調査もおこなった。神殿がかつてあったと思われる頂上部も、テオティワカン時代に第六期の盛土に覆われたならば、通常のピラミッドではすでに完全に崩壊している貴重な神殿部のデータが取れる可能性があると考えたからだ。予測どおり、ピラミッド頂上の床面は良好な保存状態で出土したが、想像に反して神殿は存在しなかったことが判明した。完全に破壊されていたのではなく、建てられた跡がまったくなく、床面と小さな基壇の跡だけが出土した。結論としてテオティワカンでのピラミッドでは、少なくとも三〇〇年ごろの「月のピラミッド」は神殿を支えるプラットフォームではなく、儀礼の場として機能していたといえる。ピラミッド型の形状と高さからも、その頂上でおこなわれた様々な行事は、広場やピラミッド周辺から多くの大衆が観覧できたことだろう。古文書にみられるように、一〇〇〇年後にアステカ王国の大神殿でおこなわれていたような生贄儀礼が、すでにテオティワカンでも大衆への示威としておこなわれていたことを示唆する。本章で述べるテオティワカンでの大がかりな生贄儀礼の証拠や、生活空間で生贄儀礼に関わる遺物や壁画データが豊富に出土することからも、生贄儀礼はテオティワカン社会を構成する一大要素だったといえる。

・埋葬墓3

「月のピラミッド」の中心地点付近で発見された埋葬墓3はこの第五期ピラミッドに相当し、人骨四体と多数の副葬品を含んでいた【78頁の図】。岩盤上の南北中心軸上で、第五期の北（裏側）壁が敷かれる直前にその壁下に埋納された。埋葬墓2と違い、石壁をもたず、地山に掘り込んだ墓穴に直に埋葬されており、その後、瓦礫によって完全に覆われた。ここでもすべての人骨体は、その腕が背中に回され手首付近で交差しており、後ろ手に縛られていたことを示している。実際にそのうち二体の手、足、首付近から、紐の残滓と思われる繊維質が発見されており、体全体が縛られていたとも考えられる。豊富な副葬品が伴葬されていて、埋葬墓3も、建設中であった第

埋葬墓３の出土状況。４人の生贄と頭のみの動物の骨が出土。下の人形は埋葬墓３の中心の２体の生贄付近から１点ずつ出土した。ほか黄鉄鉱製の鏡、ゴザ状の敷物や、墓の四隅で法螺貝《ほらがい》が出土。下の左、神官像の高さ６センチ（ヘスス・ロペス氏提供）

グレゴリ・ペレイラ氏(左)とレオナルド・ロペス・ルハン氏の埋葬墓5での発掘の様子。下はマヤの高位の人物(左：5-A、右：5-B)の出土状況

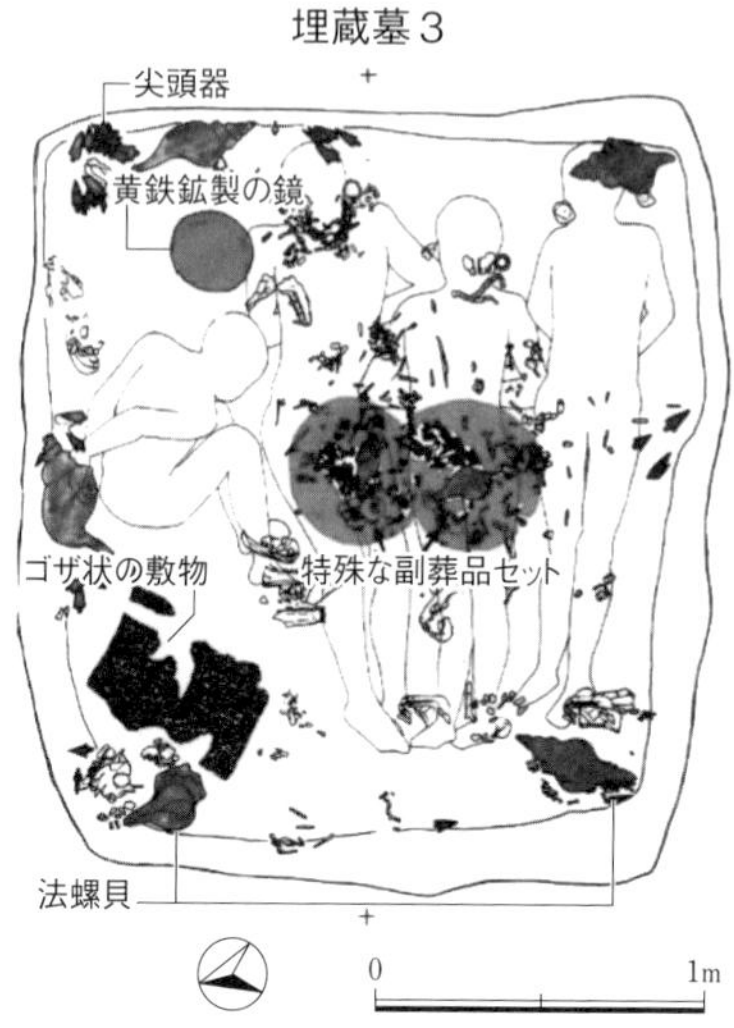

埋葬墓３の出土状況。©MPP

五期ピラミッド建立に捧げられた奉納墓と筆者らは解釈している。

ともに出土した副葬品は前述の埋葬墓２・６の副葬品と類似するものも多いが、大きさは比較的小さく、また数は多い。埋葬墓２・６同様、実用品というより象徴的意味をもつ儀式用品に限られ、副葬品からも埋葬墓３は生贄埋葬墓であったという解釈が成り立つ。黒曜石製の多数の鏃・石刃・人物像、貝製のビーズ・ペンダント・耳飾りのほか、加工されていない二枚貝、巨大な巻貝（法螺貝《ほらがい》）も含まれていた。緑石製ではビーズ・ペンダント・人物像・耳飾り・頭飾り・鼻飾りが添えられており、そのほかに、戦士の表象としての黄鉄鉱製の鏡、白い繊維質からなる四角形の樹皮状遺物（ゴザ状の敷物）、そして墓室内にピューマや狼などイヌ科とネコ科の動物の頭部一八体分が散在しており、さらにこの埋葬墓をユニークなものにしている。前述のように、これらの動物はテオティワカンののちの時代の図像では戦士・神官のシンボルとして表されており、そのほかの戦士の表象である遺物とともに、第五期のピラミッドが建設された時代にも戦いの意義と国家権力を誇張していたと考えられる。

人骨四体とも明らかに生贄犠牲者だが、興味深いことに、それぞれ個人のアイデンティティを主張するかのように、固有の豪華な装飾品をつけていた。ピラミッド増築である第五期ピラミッドに、新しい意味づけをするための名誉ある殉死の体裁を備えているが、その対象となる人物はみつからず、更新されるピラミッドに捧げられたと解釈するのが妥当だろう。また、埋葬墓の中心で埋葬体の上から出土した二つの奉納品（スペシャル）セットが重要な意味をもっていたと考えられる。その中心となる蛇紋石製の人物座像が儀礼に関わる重要人物、もしくは先祖を表し、生贄体の崇拝対象だった可能性もある。

第六期ピラミッド

第六期ピラミッド（東西幅一四三・九メートル）の建て替えは、第五期に比べて飛躍的に拡大し、その大きさや形状もほぼ第七期ピラミッドである「月のピラミッド」に近いものとなる。現在みられる「月のピラミッド」の（東西）両側面と（北側）裏面に入れた試掘坑で、二メートルほど内部に第六期ピラミッドのタルー（傾斜壁）が、またアドサダ（前庭部）に入れた東西トンネルの中からも、より小さな古い第六期のアドサダがみつかっている。年代を知るための有機物や土器などのデータも取得し、第六期ピラミッドが三五〇年～四〇〇年に建設されたと示している。

これらのピラミッド拡張の動機や、形状を決定する要素については憶測の域を出ないが、それぞれの時期の政治・社会的状況を理解するためにも、ほかのモニュメントのデータとの照合が必

埋葬墓５のマヤ出身と考えられる３人（右から５-B、５-A、５-C）の生贄想像図（早川和子画）

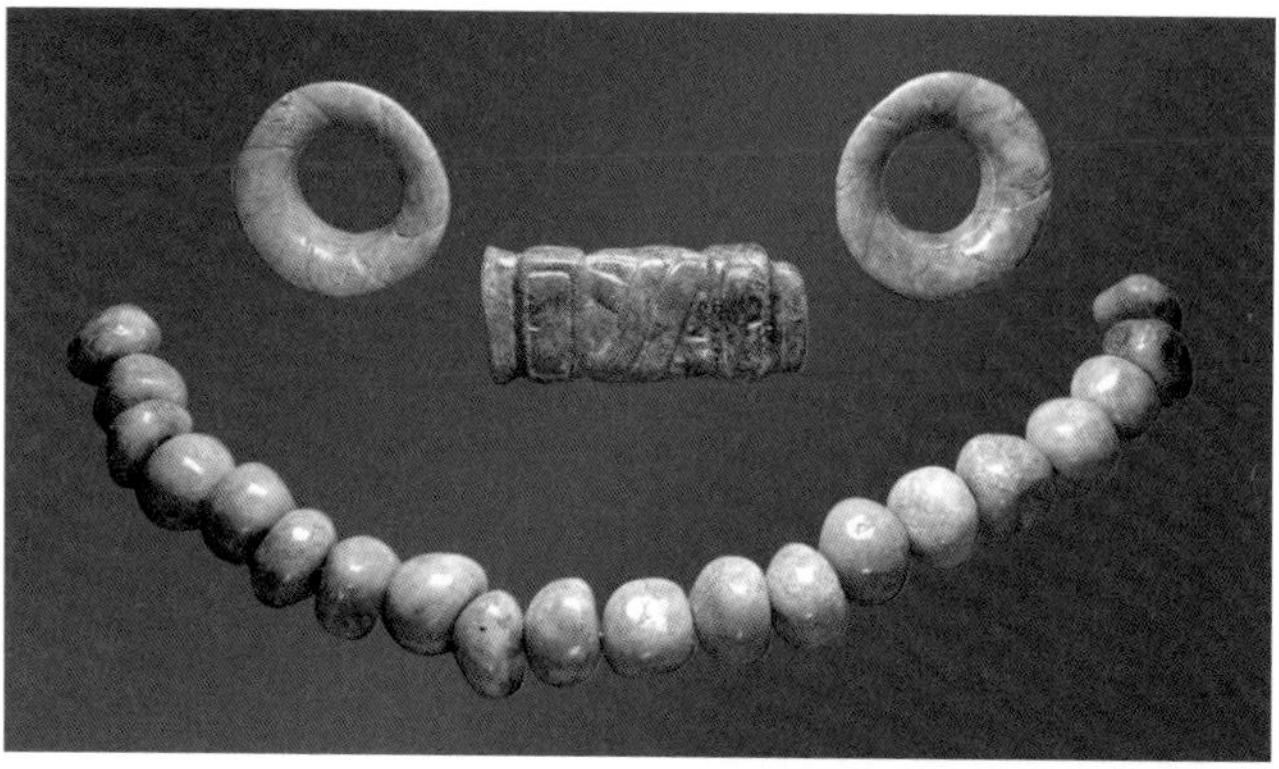

埋葬墓5の人物がつけていた耳飾り、胸飾り、ネックレスのセット(上：5-A、中：5-B)。上の耳飾りは幅3センチ。左下は埋葬墓5の中心で出土したネックレスをつけた人型石像(遺物写真はヘスス・ロペス氏提供)

要である。しかし埋葬墓5は、ピラミッド拡張の動機について、刺激的なデータを提供する。

・埋葬墓5

埋葬墓5は「月のピラミッド」内で発見されたほかの埋葬墓とは大きく異なっていた。マヤのトップ集団との直接の関係を示す歴史的事件があったことを仄《ほの》めかす。しかしその発見当時は、明確なビジョンは得られなかった。ようやく近年「石柱の広場」から出土した新資料により、再考察できるようになり、歴史を綴る一ページとなりつつある。

まず、その位置がテオティワカンのモニュメントの大増築計画に関わって設けられたことを示唆する。第五期ピラミッドの広い頂上面の北端から、わずか二・八メートルという、そのとき存在していたピラミッドからすれば、かなり北寄りの位置につくられていた。しかし、その埋葬墓を埋めてつくられた第六期ピラミッドのデータに照らすと、その三次元のちょうど中心点に位置するとわかる。つまり、テオティワカン人は、次のピラミッド設計図をもとに、埋葬墓5をその中心に埋め込むように準備したのだろう。そうであれば、古いモニュメントを終了させ、同時に新しい時代を祝うモニュメント創設の儀礼埋葬があったといえる。

埋葬墓5は、頂上の床面を一辺六メートルの正方形に切り、三・五メートルの深さのピット（穴）を掘った後に、特別な三人を多くの貴重な装飾品や象徴品、そして動物体とともに埋葬している。彼らは最終的に生贄儀礼の犠牲者だったと解釈しているが、判断の難しい複雑な、そして特殊な埋葬墓だった。

5－A、5－B、5－Cと命名された三人の男性は、それぞれ五〇～六〇歳、四五～五五歳、四〇～四五歳と推定され、西の方向を向き胡座《あぐら》を組んだ状態で発見された［77頁の図］。最も高位の人物のみに許された埋葬姿勢である。両手を前に組み、斬首された動物の頭の上に手を置き、蛇紋石、ヒスイ、貝の装飾品を身につけ、テオティワカン発掘史上最高のステータスを示す状況で出土している。

墓室のほぼ中心で発見された5－Aは、テオティワカンでは類似の出土例がなく、しかしマヤ圏では王朝の最高権威のシンボルとして描かれるペンダント、ネックレス、耳飾りをつけていた。5－Bは5－Aの南側に並び同様な座位で、5－Aと酷似した、しかし小サイズの装飾品を身につけ発見されている。5－Cは、5－Aの北側に少し距離を置き、同じ座位を保ち、異なった装飾品を身につけていた。やはりテオティワカンではなく、マヤ圏の王朝関係者、もしくは戦士が用いる貝製のペンダントを身につけ、さらに笏《しゃく》と考えられる木製の棒が右腕に添えられていた。さらに三体には、それぞれ一体の動物を伴葬していた。5－Aは鷲、5－Bはピューマ、5－Cは狼と、各自のアイデンティティを示すかのように近くで発見されている。

埋葬体三体とも最高位を示す状況で発見されており、解釈に悩んだ。一体だけの出土であれば、マヤ王朝と深く関係する人物、もしくはマヤの王族クラスのメンバーの墓と考えることができただろう。しかし、三体が同時に埋められたことから、三人とも自然死したとは考えにくい。さらに三体とも手首付近で腕を交差し、高位な座位であっても縛られていた可能性も残している。の

上は埋葬墓4の首級の出土状況。胴体はなかった。下は生贄を象徴する壁画モチーフ。人物は左手に剣、右手に矢を握る。剣の先に心臓が刺さり、血が滴る様子をあらわす

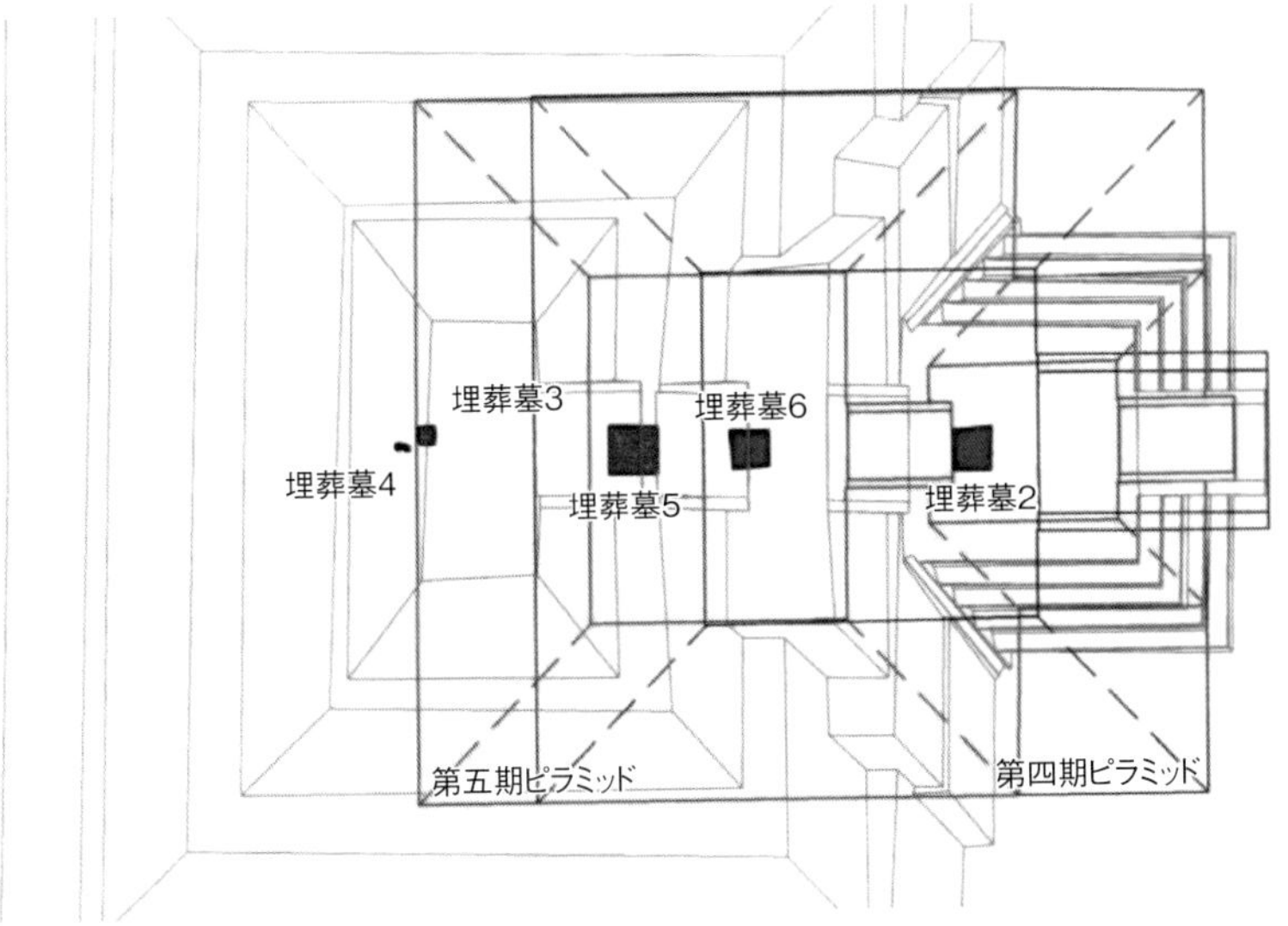

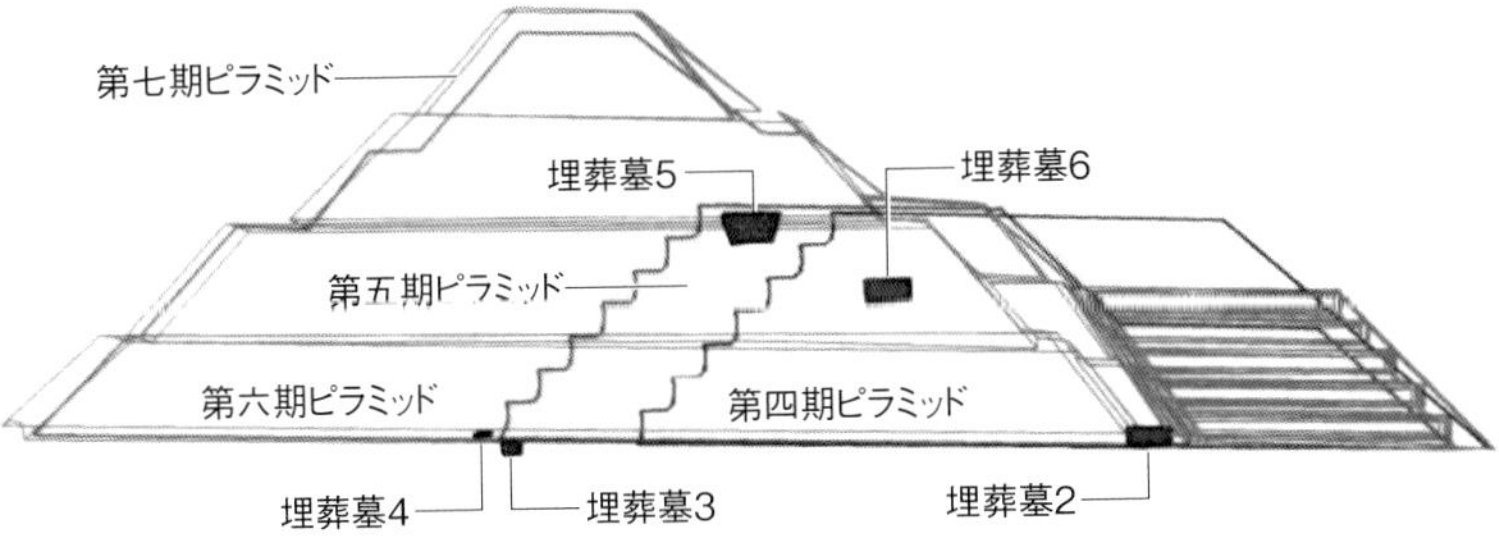

第三期ピラミッド（前庭部の下） → 第四期ピラミッド（埋葬墓6、埋葬墓2） → 第五期ピラミッド（埋葬墓3） → 埋葬墓5 → 第六期ピラミッド（埋葬墓4） → 第七期ピラミッド

トンネル発掘でわかった月のピラミッドの各期のピラミッドと埋葬墓の重なり

ちに述べるマヤとテオティワカンとの関係を示すデータから、現在は四世紀に起きたマヤ王朝との直接交流もしくは抗争史を刻む埋葬墓と考えられる。

さらに、墓に含まれた多くの象徴品が、埋葬墓の機能について示唆している。大量の貝、黒曜石、緑石、黄鉄鉱などの製品が整然と墓室床面に配置されていた。そのうち埋葬墓の中心地点で出土した蛇紋石の座像は、西を向く高貴な神官5―Aと5―Bの背後に守られる形で、多くの伴葬された象徴品とともに埋葬されていた【80頁の図】。様々な有機質や黄鉄鉱製品の残骸とともに、緑石のビーズ、耳飾り、黒曜石の鏃、ナイフ、人物像、そして権力の象徴である羽毛の蛇神の像、さらに実際に権力のメタファーであるガラガラ蛇も埋納されていた。その中心となる石偶は、最高位の人物、神、または先祖崇拝の象徴と思われ、生贄にされた三体も、このテオティワカン様式の偶像への献身を示していたのかもしれない。ともあれ埋葬墓5は、テオティワカンの歴史で重要な転換期を意味し、モニュメント建立の主要因だったとさえ思わせる。

・埋葬墓4

埋葬墓4はこの第六期ピラミッド建て替え期に、ほぼ南北軸上、第五期ピラミッドの外側、すぐ北にあたり、第六期ピラミッドを埋めた盛土の中から突然、発見された。この埋葬墓では、前述の埋葬体二基とは対照的に一七個の人頭骨だけがみつかっており、副葬品はまったく含まれていないため、その儀式の内容はつかみにくい。しかしすべての頭骨は頸骨上部とともにみつかっていることから、打ち首にされた直後にまだ肉のついていた状態で埋められたと思われ、神殿モニュメント建築に首級が捧げられた特殊な埋葬例となっている。なお、埋葬墓6では打ち首にされた頭なしで胴部だけの一〇体が出土しているが、埋葬墓6は二〇〇年〜二五〇年、埋葬墓4は三〇〇年〜三五〇年代と、時代的に合わず、埋葬墓4の頭骨は埋葬墓6で発見された胴体に合致するものではない。

第七期、七A期ピラミッド

「月のピラミッド」は最後の建て替えである第七期ピラミッドであり、その規模は少し大きくなったものの、基本的に第六期ピラミッドを踏襲したものである（東西一四九メートル、階段部分を含めて南北一六七・五メートル、復元された状態で高さ約四五メートル）。現在はすでに頂上の神殿部分が完全に崩れ去っており、またこの時期に相当する埋葬墓などは発見されておらず、その象徴体系は明らかではない。ピラミッド周辺に入れた試掘坑ピットからは、「月のピラミッド」建設以後の時期に相当する化粧漆喰の床面が三〜五層分検出され（七A期ピラミッドもそのひとつ）、

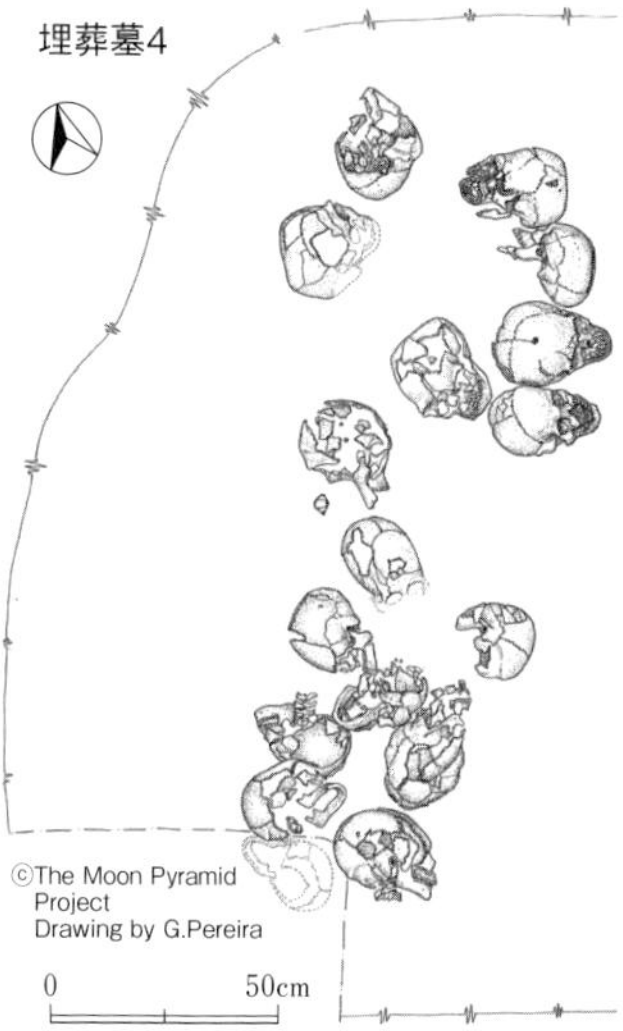

埋葬墓4の出土状況

トンネル発掘作業の様子。ピラミッドの外の入口から木材と鉄骨を入れてピラミッドの盛土が崩れないよう保護しながら掘り進める。トンネル内の壁を測量しながら、位置を確認し発掘。上の写真でわかるように、ピラミッド内は土器片を含む盛土で埋まっていた。©MPP

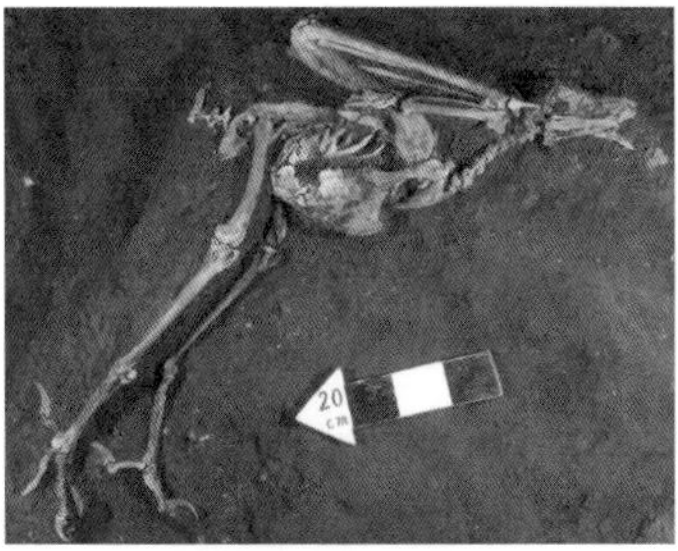

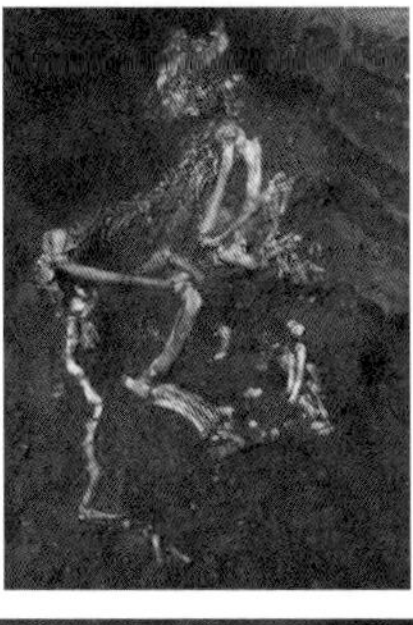

トンネル内の遺物取り上げと調査。上は遺物や盛土を篩にかけているところ。下右は埋葬墓6の遺構図作成中の筆者。下左の3点は生贄動物の骨の出土状況。上から鷲、ピューマと高地ではめずらしいジャガーの頭部。© MPP

何回も葺き替えがおこなわれたこと、また隣接区域には五世紀になって建てられた部屋も確認され、長期にわたりモニュメントが機能し続けたことを示している。

「月のピラミッド」発掘で判明した権力の変化

以上のように「月のピラミッド」において、テオティワカン初期から末期までのピラミッド建築とそれに付随する奉納墓の特性が明らかになりつつある。本書の課題である古代都市テオティワカンの起源、国家宗教、権力のあり方と抗争などについて、次のような推論が可能であろう。まず「月のピラミッド」内で発見された第一期ピラミッドの存在は、都市の中心軸となる地点がすでに都市形成の初期から神殿建築の場として設置されていたことを示す。これは、このとき国家権力が宗教的思想を中心として形成されたことを暗示する。また、第一期から第三期までのピラミッド改築は徐々に拡張したが、第四期ピラミッドでは飛躍的に拡張し、これは建設に携わった政治組織が本質的に拡大したことを示唆する。この時期に相当する埋葬墓2と埋葬墓6に示された戦いにまつわる要素は、国家権力を支える軍事機構が拡張したことを象徴的に表したものとも解釈できる。

一方、第五期になってピラミッドの根本的な構造と建築様式が変化したが、これは国家宗教、芸術様式、それらを扱う政治組織の変容を示すのだろうか。さらに飛躍的に増築された第六期ピラミッド、またその後に拡張して建て替えられた第七期ピラミッドの「月のピラミッド」の時代にテオティワカン国家は最盛期を迎えた。

巨大なピラミッドは、メソアメリカ各地からの巡礼者を通して遠隔地の王朝にまで影響を与えたことを誇張するモニュメントであり、ピラミッドのたび重なる建造は、そこで大がかりな（生贄）儀礼をおこなうことによって古代の都市を再生させ、拡大させる戦略だったことを示している。その後の周辺地区でくり返された改築跡は、確立された神聖都市国家テオティワカンが「月のピラミッド」を中心として継続し、都市崩壊時まで機能していたことをうかがわせる。

「月の広場」の考古学

「月のピラミッド」周辺の発掘では、筆者らは隣接する宮殿タイプの住居跡、関連施設、黒曜石工房跡などを確認した。さらに盗掘用トンネル跡の資料や、ほかの公共建造物との関係を探る層位データの獲得と遺物の収集をおこなった。

古代の計画都市はその複雑さによるのか、発掘調査のデータが偏っている。都市内では、基本的にすべての層位は人工であり、自然層はほとんどみあたらない。「死者の大通り」の北端にある「月の広場」は、「月のピラミッド」を含め一五のピラミッド型基壇に囲まれている。中心の広大な広場はおもに公共行事の集会場、また数万人レベルの大衆が参加できる儀礼の舞台として機能していたと想像できる。さらに広場に接続する「死者の大通り」は、「月の広場」から発出し、あるいは終結する行進儀礼に使用されたことを示唆するが、それを明示する考古学データは

「月の広場」に隣接するケツァルパパロトル宮殿の柱列(上)。下は「月の広場」北西角からプラットフォーム内部への小トンネル発掘でみつかったなめらかなカーブを描く壁と階段。©MPP

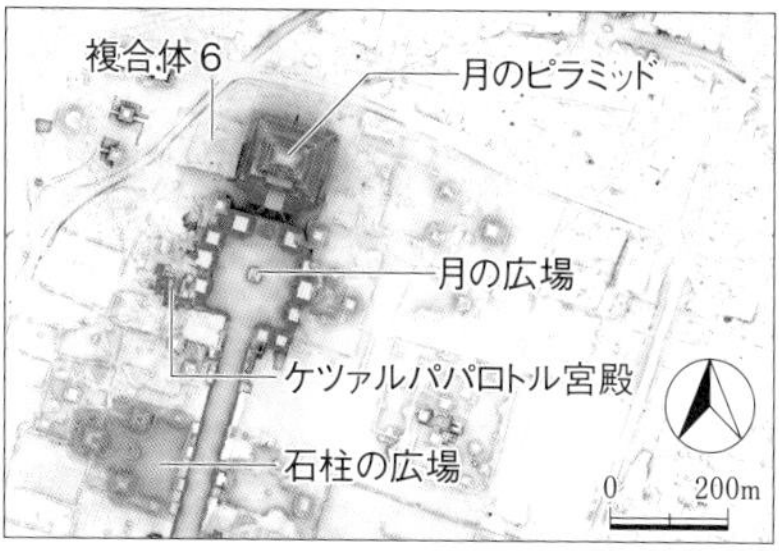

「月のピラミッド」西に隣接する宮殿風の住居跡（複合体６）の発掘調査の様子。上は「月のピラミッド」頂上からみたところ。中は発掘で出土した複合体６の床面。ⒸMPP

住居施設ラ・ベンティージャの床面に記された絵文字。ルベン・カブレラ氏の許可により筆者撮影

ない。平均五〇メートルほどと幅の広い大通りが、伝統的なキリスト教村落で現在おこなわれている、聖人の像を担ぐ行進儀礼にみられるような、信者の集団行動を想起させる。

　では「月の広場」ではどのような儀礼がおこなわれていたのだろうか。テオティワカンでは文字がまだ解読されておらず、図像と考古学データに頼るのみだ。絵文字要素らしきものは確認されているが、読める段階ではない［右の図］。さらに、個人名のような記号をもつ個人が並ぶ図はあるが、大衆による儀礼を描く図は確認されていない。一方、考古資料は、断片的ながらもその機能について示唆する。

　一九六二～一九六四年に「月のピラミッド」から「城塞」までの「死者の大通り」は、INAHによって大がかりな行政発掘調査と復元作業がおこなわれた。そして現在の大遺跡公園がつくられた。しかし発掘調査の最初に出土する遺跡の最後の時期の建造物を保護する必要から、それらを取り除いて調査することはできず、より古い時代のデータを得るのはきわめて難しい。「月の広場」も、どのような改築史があったか定かではない。そこで「月のピラミッド」同様、広場の中型プラットフォームでも小トンネル発掘を実施した。

「月の広場」北西角のプラットフォームで、北側の壁を潜って中に入る形の小トンネルを掘り、中心点を目指した。内部では、少なくとも四つの異なった時代の壁が発見され、「月の広場」でも増築が頻繁におこなわれていたことがわかった。出土した最も古い壁はテオティワカンではきわめて稀な、滑らかなカーブを描くものであった【92頁の右下の図】。

「月の広場」中央に建てられたプラットフォーム上の床面に入れた試掘坑では、広場の床面より高い位置に大きな排水溝がみつかっている。とても雨水を集める機能とは説明できない状況で、プラットフォーム上で大量の水を使う儀礼をおこなっていたとしか考えられない。それにしてもいったい、それだけ大量の水をどこから、どのようにもってきたのだろうか。

近年、メキシコ人研究者ベロニカ・オルテガ氏が別の動機から「月の広場」中心区域を掘り、今度は広場の床下から大きな排水溝をみつけている。その位置関係から、遠く「月の広場」外部の住居区から集めた雨水を流す機能的な排水溝であったとは考えにくい。やはり大がかりな水を使った儀式を広場の中心でおこなうために用意された施設と考えるのが妥当だ。

さらに、広場周辺でみつかっている大石彫は、この「月のピラミッド」を含めた「月の広場」が水に関する儀礼、水のシンボリズムと関係するという解釈を強固にする。メキシコシティにある国立人類学博物館のテオティワカン室に展示されている最大の石彫「チャルチュウトリクエ

（水の女神）」像［49頁の図］は「月のピラミッド」西側斜面から出土している。さらに摩耗が激しく断定は難しいが、同じ彫刻が施されていた石彫が同広場で発見されており、現在も広場中央のプラットフォーム脇に置かれている。少なくとも二つの「水の女神」を拝する水儀礼で使われていたのだろう。この「月のピラミッド」複合体が水の特性を象徴していたという仮説的解釈は、本章で概観した埋葬墓の内容とも合致する。埋葬墓2の中心で発見された最も重要な石像は、周辺に多くの戦争や生贄儀礼に関わる奉納品があったが、女性の神を表していた［64頁の右上の図］。さらに、のちに述べるように、ピラミッド建築の方位や寸法単位研究から引き出される計画都市の象徴体系も、「月のピラミッド」が水、雨季、女性、豊穣、そしておそらく月を表すと示唆する。対照的に「太陽のピラミッド」は、火、熱、陽、乾季を表し、両ピラミッドが時のサイクル、暦体系を表していたと、次節で述べる考古データは語っている。

現在、筆者は「月の広場」のさらに南、「死者の大通り」の西に面する大きな儀礼―宮殿タイプの国家施設と考えられる「石柱の広場」を発掘している。近年、ここからテオティワカンの統率者集団とマヤ王朝間の相互交流を示す遺物が大量に出土した。出土したのは、マヤ人によって描かれた繊細なマヤ壁画や大量の土器で、一時的ながら、マヤのトップ集団がテオティワカンの中心地区に居を構え、儀礼、大宴会に参加していたことがわかった。

さらに、奉納埋葬されたクモザルの骨や歯がみつかり、その歯垢のＤＮＡ、^{14}Ｃ、アイソトープ解析などの科学分析によって、マヤの熱帯雨林に生息するクモザルが、生きたままテオティワカンに連れてこられたことが示された。このクモザルは二歳まで熱帯で育ち、テオティワカンで二年間以上飼育された後、神殿増築時に生贄埋葬された。メキシコ高原では生息しないクモザルが、テオティワカン中心部にあった飼育場か動物園で飼われ、イベントで使われていたのかもしれない。政治や経済面だけでなく、一般大衆を巻き込んだ社会的、宗教的、文化的な幅広い国際交流が、すでに古代テオティワカンとマヤ王朝間であったと示唆している。テオティワカンは多民族による国際的な都市だったのだ。

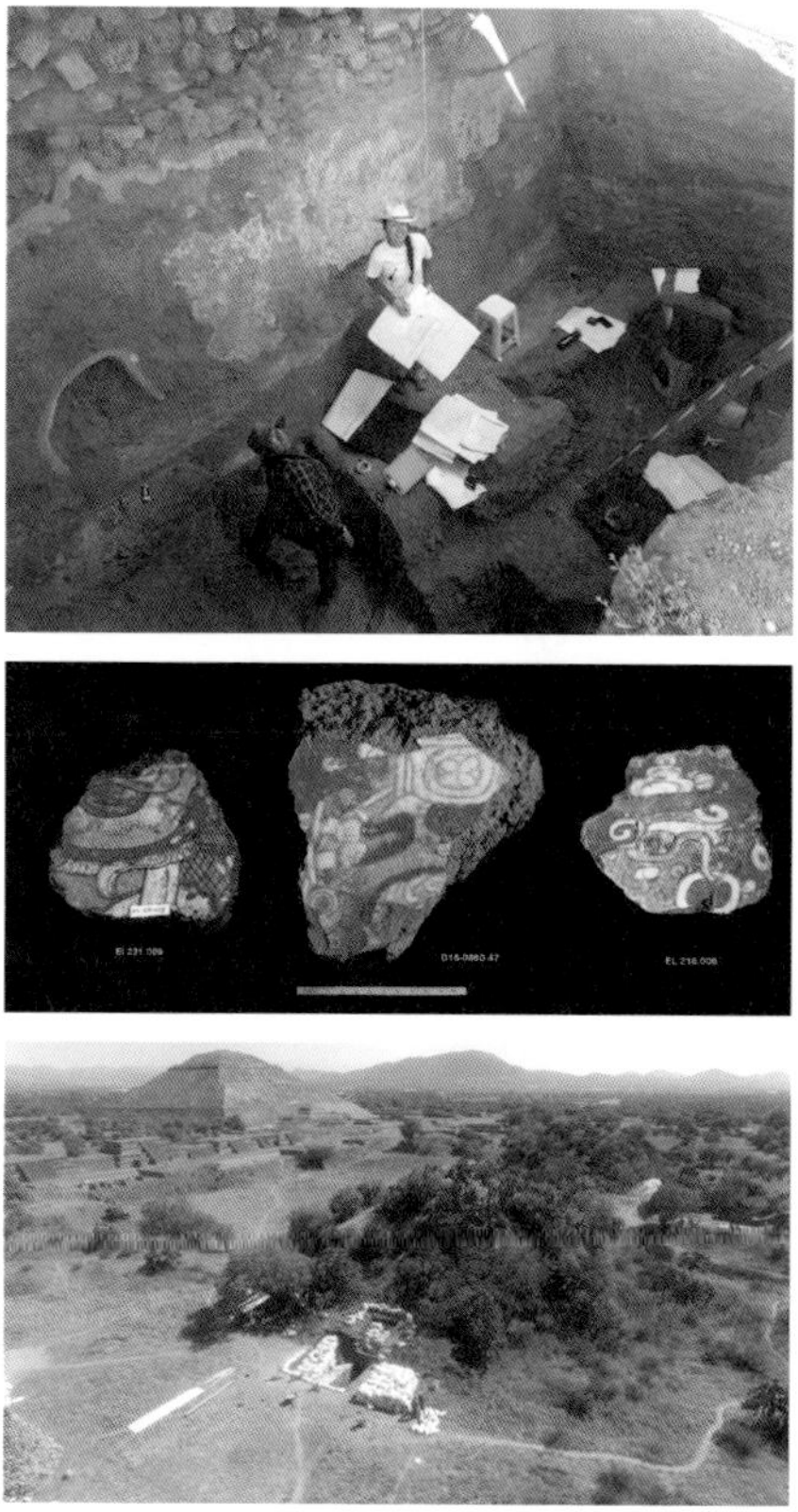

「石柱の広場」の発掘風景（上）。中段は出土したマヤ風の壁画。遺跡は「月のピラミッド」と「太陽のピラミッド」の中間に位置する（下）。©PPCC

3 「太陽のピラミッド」を掘る

「太陽のピラミッド」周辺部

「太陽のピラミッド」は、都市の中心に位置する最大のモニュメントである。二〇世紀初頭に、ポルフィリオ・ディアス大統領の命により、メキシコ人のルーツを探り、アイデンティティ構築のために調査・復元された国のモニュメントである。レオポルド・バトレスが一九〇五年〜一九〇七年に発掘調査を担当し、現在みられる姿に修復、一部、復元作業がおこなわれた。ピラミッドの頂上部はすでに完全に崩壊し、その機能も象徴するものもわからず、最も解明されていないモニュメントといえる。

ここでは、まずピラミッドを囲む周辺施設を概観し、その後「太陽のピラミッド」自体を分析しよう。さらにピラミッド下にみつかった古代トンネルの機能について探り、このピラミッドが何だったのか、ピラミッドの実体を通時的に考えてみたい。

まずピラミッド周辺の空間のつながり具合をみよう。基本的に、ピラミッドは単体ではない。

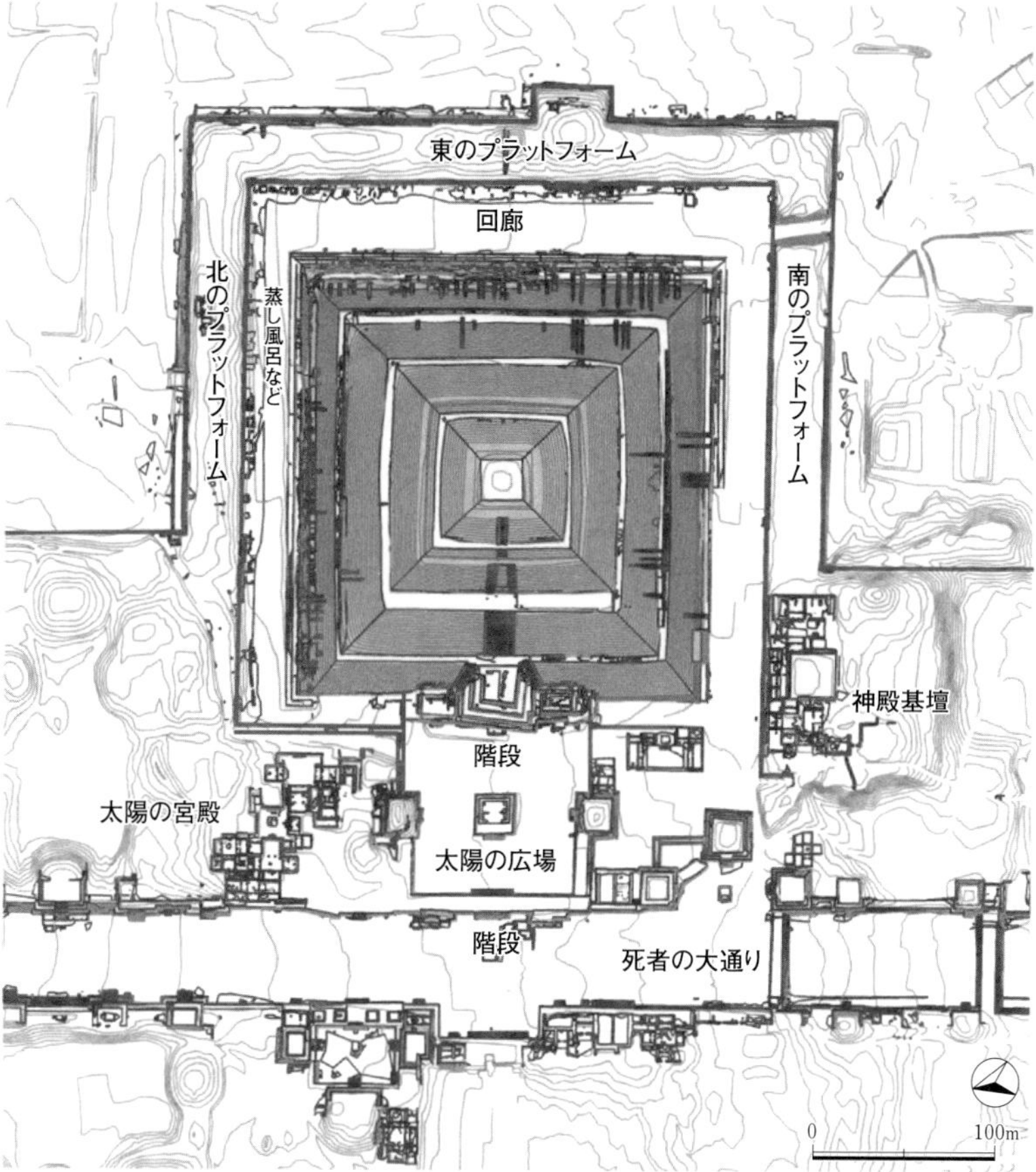

太陽のピラミッド位置関係図。©PMCC3D

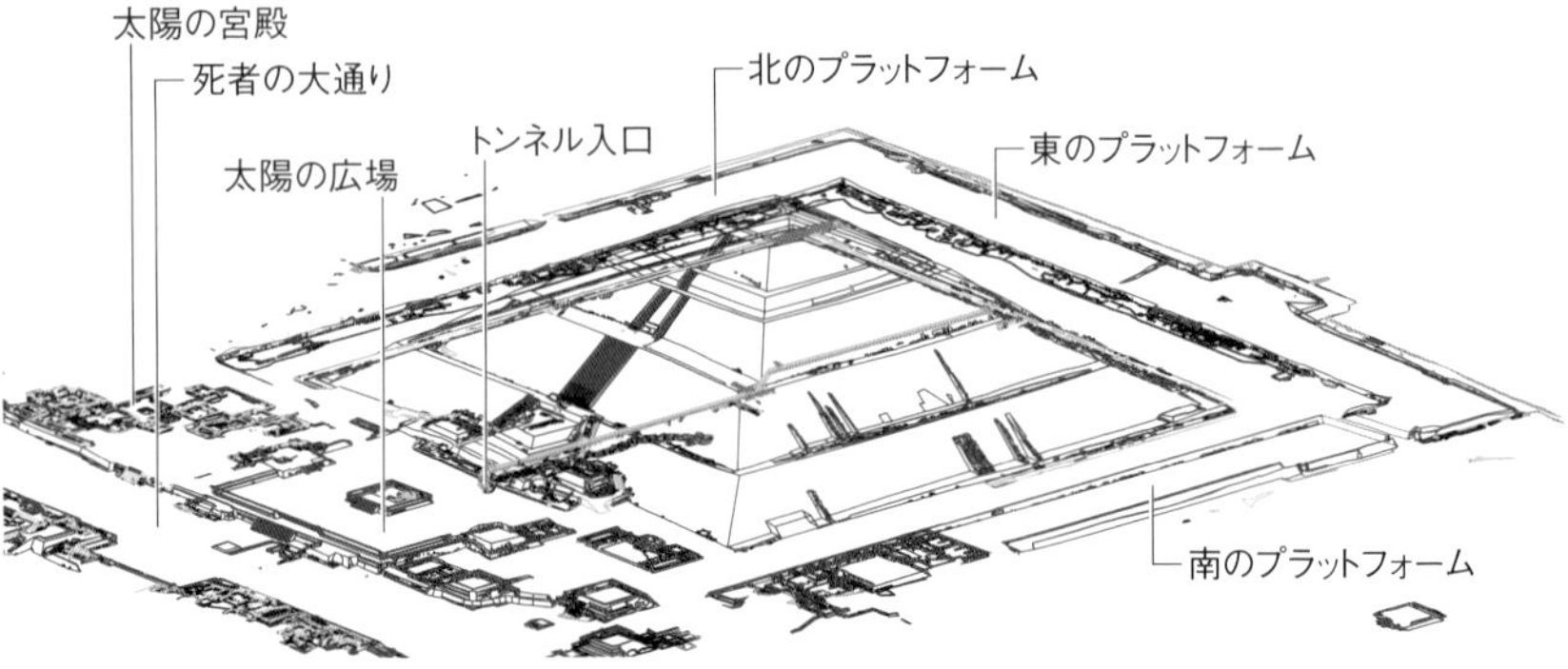

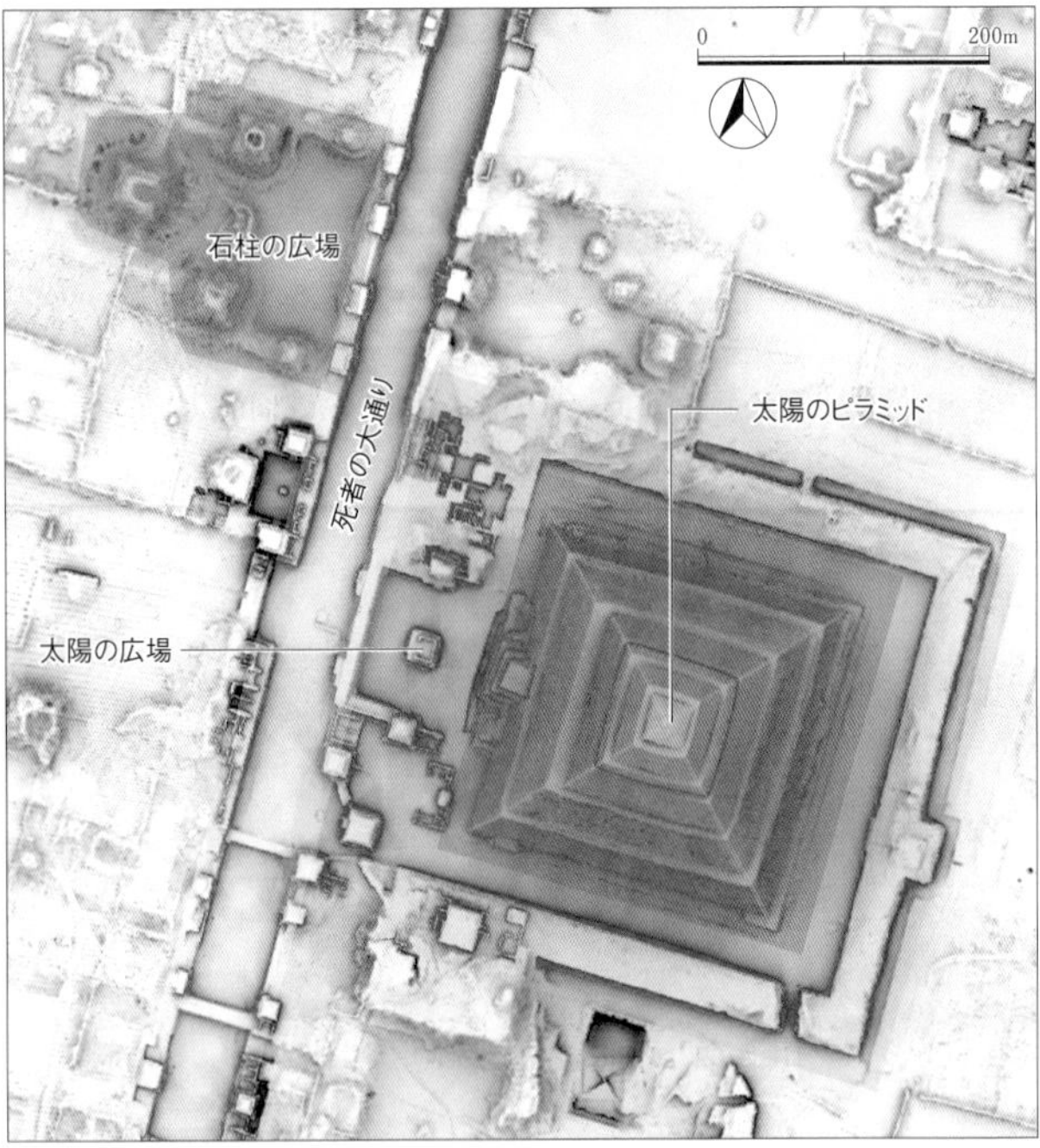

「太陽のピラミッド」ＣＡＤ図。下は筆者らのLiDAR測量による図。「死者の大通り」を挟んだ西の「石柱の広場」ではマヤ由来の壁画のある建物がみつかった。マヤの出先機関があったと考えられる。©PMCC3D

ピラミッドの稜線をみると元は四段築造であったことがわかる。下はピラミッド入口に立つジャガーの石彫。ほかにもジャガー頭部の石彫が散在する

四方を長いプラットフォーム（基壇）で完全に囲み、その空間の中心に巨大なモニュメントを据える。外部からのアクセスは非常に限られている。「太陽のピラミッド」ではピラミッド本体の両サイド（北側と南側）、そして裏（東）側を幅約三四メートルの長いプラットフォームが囲んでいる。現在はその上部が削られて低くなっているが、建設当時は少なくとも高さ四メートル以上で、外壁の傾きは急で、完全に外部からのアクセスを遮断していた。唯一、階段のある正面（西側）のプラットフォームは幅約一〇メートルで、「死者の大通り」との境をなしている。「死者の大通り」から「太陽の広場」へのアクセスは幅二三メートルの階段を介するが、「太陽の広場」から「太陽のピラミッド」前庭部中央の階段は、幅一〇メートルと狭く、限られた人のみが使用したのであろうか。現在、旅行者は前庭部両側の小さな階段を使っているが、これは「太陽のピラミッド」複合体の内部に通じる補助階段である。中央に基壇プラットフォームがある「太陽の広場」と「太陽のピラミッド」複合体の内部、つまり、ピラミッド周辺の回廊空間とは壁で遮断されていたと、近年のアレハンドロ・サラビア氏による発掘成果は実証している。

プラットフォーム上の床面や、またピラミッドを囲む内側の回廊空間には、小規模の何らかの機能をもった建物の残骸が認められる。そのうち、円形の倉庫、もしくは儀礼用の墓、そしてテマスカル（蒸し風呂）は、「太陽のピラミッド」に関係した儀式の施設だったと考えられる。「太陽の広場」南側には何かしらの施設と思われる神殿基壇、部屋と小広場がある。これらは回廊の空間が儀式に関係した機能を果たした施設だったことを示すのだろう【99頁の図】。

「太陽の広場」の北側には、「太陽の宮殿」と名づけられた多くの壁画が出土した住居施設がある。「太陽のピラミッド」に関わる神官層、あるいは国家の統率者集団のための宮殿タイプの住居かと考えられる。その周辺部分はまだ完全に発掘されていないので断定できないが、外部からは直接つながっておらず、「太陽のピラミッド」複合体の最も内部の封鎖された施設であり、大規模ではないがその位置関係から重要な集団の住居だったと推測される。ピラミッドの三方向を囲むプラットフォーム上にも住居跡がいくつかみつかっており、特に南プラットフォーム上の西端近くの「神官の家」と命名された住居は、同じく高官の施設と考えられるが、規模と部屋の空間配置から、トップ集団の「宮殿」との同定は難しい。

「太陽のピラミッド」

「太陽のピラミッド」は、現在五段のプラットフォームが段々状になったピラミッド型の本体と、西側の正面に飛び出した前庭部からなる。二〇世紀初頭に発掘・修復されているが、正確な復元ではない部分が含まれる。遺構のオリジナル資料を解析すると、たとえば、下から四段目の低いプラットフォームは、本来三段目と同じプラットフォームをなすもので、「太陽のピラミッド」は元々、四段であったとわかってくる。現在のピラミッド角の稜線も、三段目と四段目のプラットフォームは同じラインをなす。階段部分の復元も、現代のセメントと、瓦礫に混じって出土したオリジナルの化粧漆喰の破片とがミックスされてピラミッド復元に使われており、正確な復元

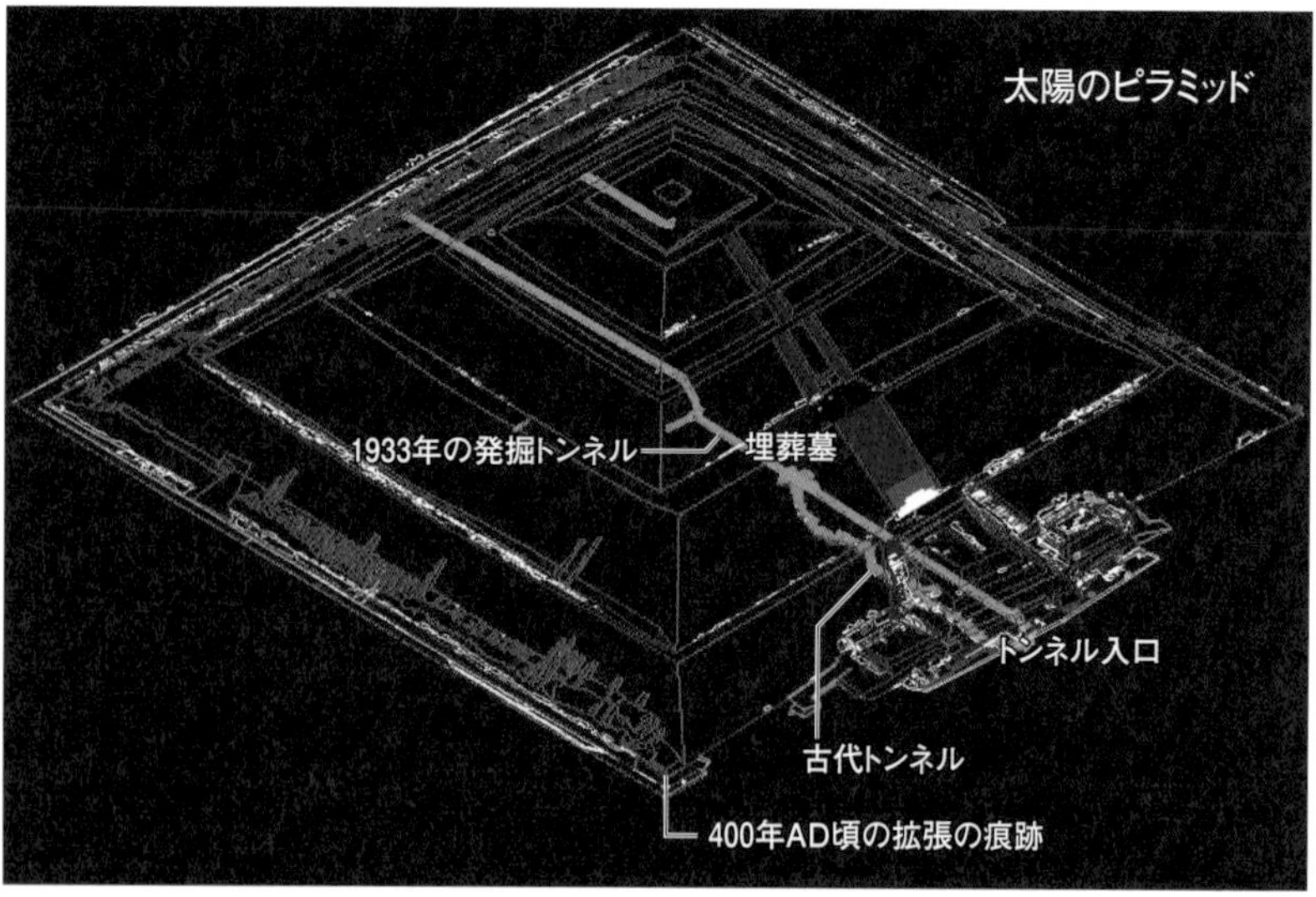

「太陽のピラミッド」古代トンネルの最奥部ほぼ直上7メートルの地点に奉納墓2がみつかった。裾部では第二期ピラミッドの立ち上がりの痕跡があり、一辺8メートルの拡張があったことがわかった。ⒸSPP

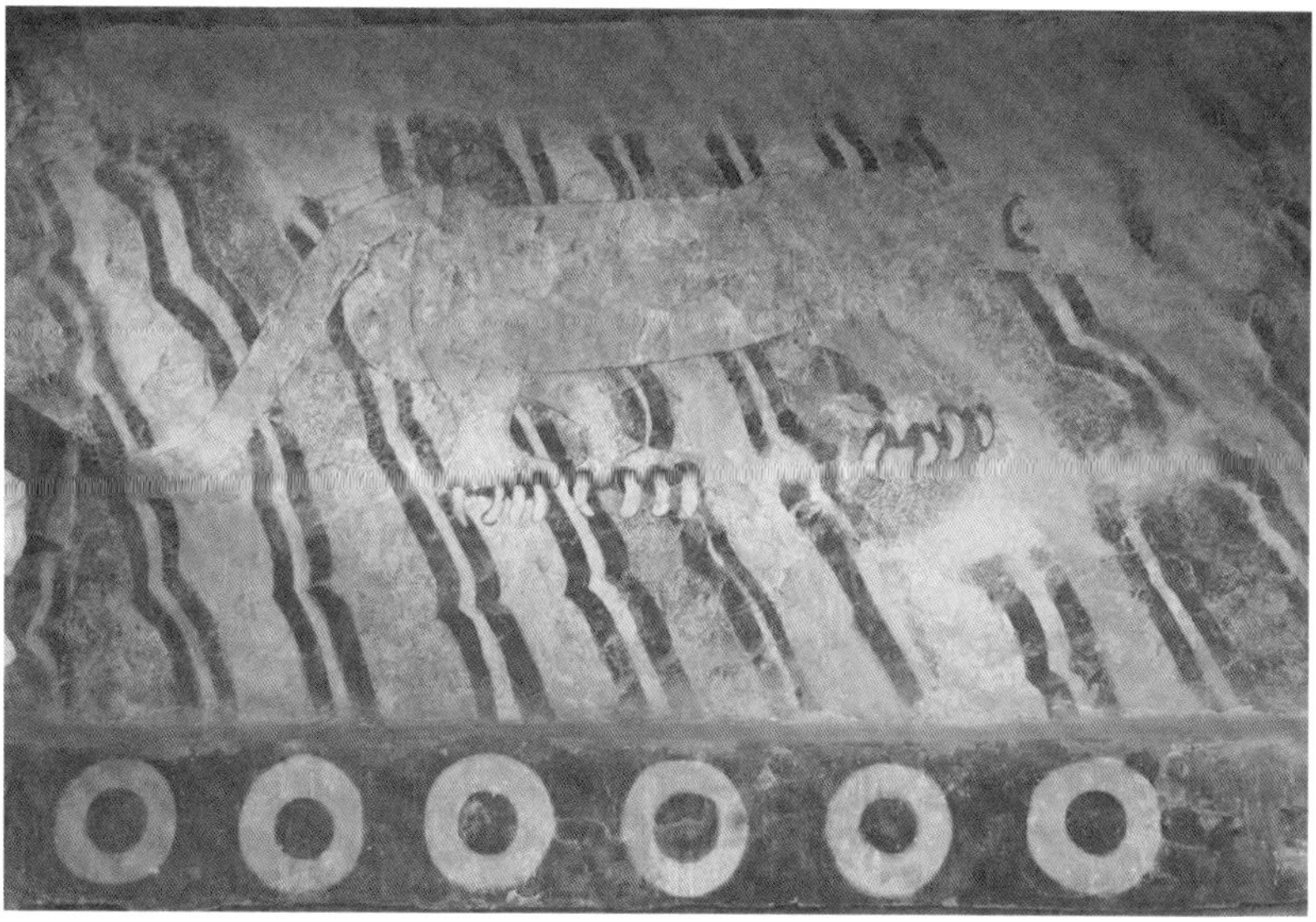

白と赤で塗装されたピラミッド、「死者の大通り」の復元想定図。science NODE 岩城邦典氏協力。下は「死者の大通り」でみつかった壁画。©PMCC3D

と断定しにくい。前庭部はほとんど崩壊した状態で発掘されたと考えられ、現在の壁面の多くは、内部構造の壁を外壁として復元している。しかしながら、建造物の最下部の壁の立ち上がり部分はオリジナルの保存状態がよく、それらをもとに図面上で復元が可能だ。近年のサラビア氏による前庭部の発掘では、少なくとも三回は増築、改築を繰り返し、それらが現在複雑に露出していることを示している。

ピラミッド本体も、オリジナル壁の断片的なデータから、現在、二つの異なった時代のピラミッドが折り重なって露出していることがわかる。紀元後二〇〇年頃に建てられた第一期の「太陽のピラミッド」は、南、東、北、西面の最長幅がそれぞれ二一五・七メートル、二一五・二メートル、二一四・六メートル、二一〇・五メートル、高さは現在約六五メートルである。四面の明らかな長さの違いは、壁の方向軸の違いにも反映し、それが、天体が関わった意図的なものか、単なる誤差なのか未解明だ。紀元後四〇〇年頃に増築されたピラミッドの外壁はほとんど崩壊しているが、残っている壁の最下部の立ち上がりで計測すると、それぞれの側面が約八メートルほど拡大していることがわかる。増築時の高さは不明だが、少なくとも約七〇メートルはあったと考えられる。したがって、現在みられる「太陽のピラミッド」はほとんどの部分が初期のピラミッドであり、第二期ピラミッドは、その残っている最下部だけが南、東、北面で観察できる。ピラミッドの南・北両側面と裏面（東）に不規則な縦縞のように貼りつけられた石壁は、第一期を覆って第二期のピラミッドをつくったときに内部の盛土を補強するための壁で、本来、第二期ピラミッドで覆われてみえなかったものだ。

それでも最上段近くまで壁にオリジナルの化粧漆喰が残っており、側面は上記の四段目プラットフォーム以外、ほぼ正確に復元されていると確認できる。最上部に関しては、まったく建造物の跡はみあたらず、頂上の試掘坑（ピット）発掘では、現在のコンクリート床の下に直接盛土が出土し、その盛土の中から老人（火）の神像の火鉢が、のっぺらな大石彫とともに発見されている。しかし、建造物の破片は出土しておらず、神殿がかつて頂上に存在したか、それとも開かれた儀式場だったかは定かではない。どのようにピラミッド最上部が使われていたかを考察する一次データがないからだ。

メキシコ政府の発掘により、ピラミッド下の瓦礫から大きな手の石彫破片が出土しており、元来全身像であったなら、数メートルの巨大石人像だったに違いない。「月のピラミッド」でも西斜面で高さ三・二メートルの水の女神像がみつかっており、「太陽のピラミッド」頂上にも、大石像が組み込まれた建造物があった可能性がある。何の神だったのだろうか。また前庭部周辺には、ジャガーの頭の石彫が多くみつかっており、後述する「羽毛の蛇ピラミッド」のように、前庭部の壁面をジャガーの石彫が覆っていたと考えられる【101頁の下の図】。さらに暦のシンボル、もしくは大周期を表す「年の束」をかたどった石彫、そして儀式用の大きな火鉢も発見されている。暦に関わる儀礼がおこなわれていたことは確かだろう。

テオティワカンの図像の中で異様なモチーフが、ピラミッド西側「太陽の広場」で出土した

ピラミッド頂上の盛土の中から発見された「老人(火)の神像の火鉢」(上)とピラミッド西側の「太陽の広場」でみつかった「死のディスク石彫」。アレハンドロ・サラビア氏の許可により、筆者撮影

「年の束」が刻まれた石彫。中段は側面。高さ83センチ。下は香炉に刻まれた「年の束」

「死のディスク石彫」である。中央に頭蓋骨をかたどり、周辺に光を放射状に放つ様子を想起させる装飾ディスクが彫り込まれている。アステカの髑髏《どくろ》像に似ていることから、アステカ時代の作品では、という解釈があるが、テオティワカン時代の類似図像例もあり、死んだ（西に沈んだ）太陽の具現化という解釈も成り立つ。「太陽のピラミッド」にふんだんに描かれたジャガー像も、夜の太陽の化身ともいわれる。ピラミッド頂上に出土した老人（火）の神像の火鉢からも、「太陽のピラミッド」が（沈む）太陽を象徴している可能性がある。西に沈む太陽への畏怖がいかほどか、うかがわれる。

テオティワカンのピラミッドは、都市崩壊後も目立つ存在であり、何世紀にもわたってピラミッドはモニュメントであり続け、儀式や埋葬の場所として使われ、また、建造物をつくるための石材を得る場所でもあったと考古データは語る。崩壊後一五〇〇年がたち、現在みられる姿は当時と規模に大差なくても、外観は大きく変わっている。当時はまったく石材のみえない真っ白いコンクリート建造物のようであり、場所により赤が基調の聖域をつくり上げていた。

ピラミッドの外壁は、モルタル部分が残っていても化粧漆喰まで残っている破片はなく、色までは確認できない。しかし「月のピラミッド」の北東の角に入れたピットでは、きれいに保存された化粧漆喰が出土し、真っ白な壁面だった。少なくとも「月のピラミッド」本体は白であった。前庭部は赤が部分的に残っていた。おそらく「太陽のピラミッド」も、外壁は真っ白だったと筆者は考えている。昼間は強い太陽光を反射する白いモニュメントであり、朝日と夕日を浴びたピラミッドは赤いモニュメントとして太陽を象徴していたのかもしれない［105頁の上の図］。

「太陽のピラミッド」内へトンネル発掘

外部に対して、ピラミッド内部は、さらに古い建造物があった場合、埋められた当時の状態のままのところが多く、通常、保存状態もよい。「太陽のピラミッド」では、一九五〇年代から調査のためにさまざまな場所で異なった高さの水平なトンネルが掘られている。テオティワカンでまだ発見例がない王墓探しも目的のひとつだった。しかし「太陽の広場」の床面の高さ、もしくはそれぞれのプラットフォームでトンネルを水平に掘ったため、ピラミッドの盛土の中を進んだのみで、より早期の建造物や地山に掘り込んだと思われる埋葬墓などを検出することは難しい。「月のピラミッド」や「羽毛の蛇ピラミッド」内部を発掘した経験からすると、テオティワカン人は地山の岩盤層に掘り込んだピットに遺体や奉納品を埋葬する傾向がある。それらは通常盛土で埋められているので、同じ盛土でつくられたピラミッドの中では、層位関係から、その下につくられたかもしれない埋葬ピットを発見することはほぼ不可能だ。はたして、期待した王墓などは発見できなかった。筆者らはこれまでの調査用トンネルを利用し、その盛土の床面に多くのピットを入れた。地山面まで掘り下げて、埋葬体や奉納品、また古い建造物の残骸などの存在を確認した。さらに既存の東西トンネルから二つの新しい小トンネルを掘り、ピラミッドの中心点も確認した。そこでは、「太陽のピラミッド」の中心を示す石の並びは岩盤上に出土したが、期待

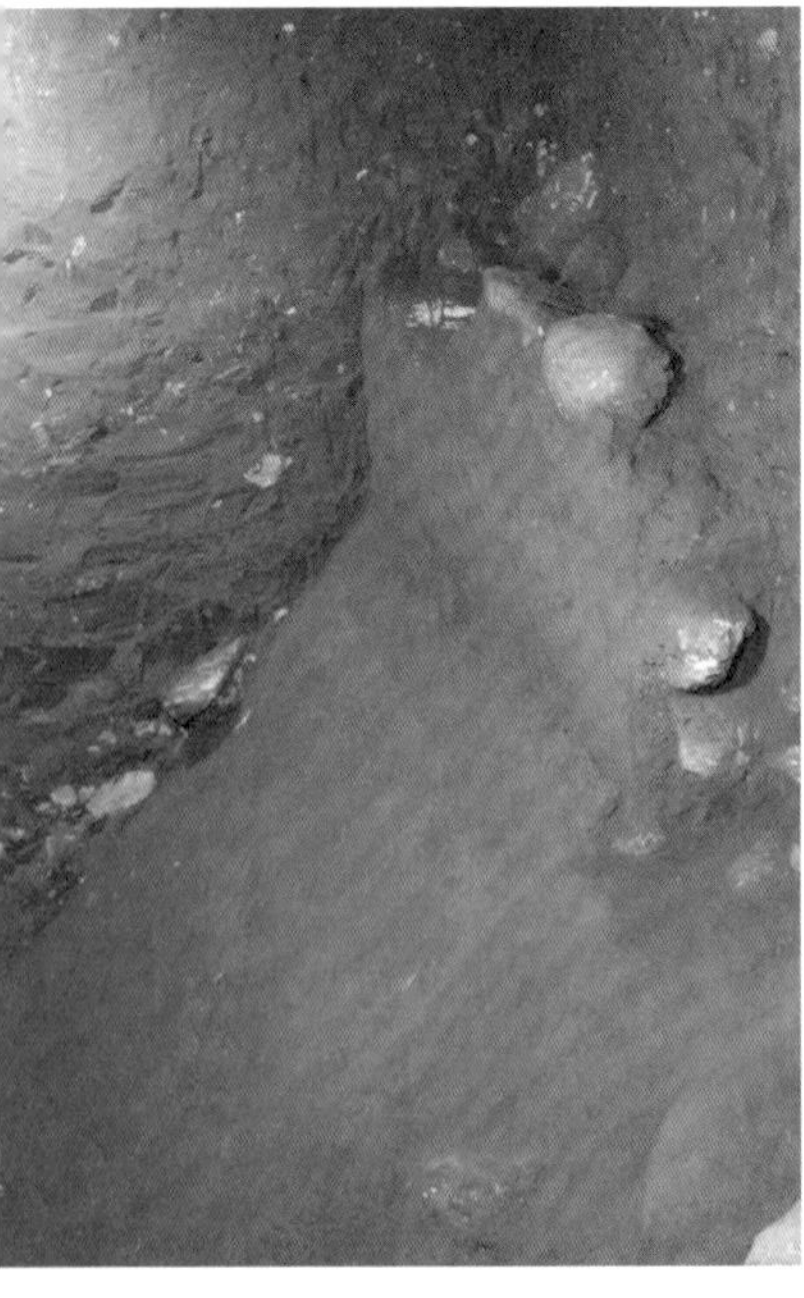

上は中央の黒くみえるところが発掘調査用の東西トンネル入口。その手前の階段の中央が古代のトンネルの入口。下は南北の中央トンネル内でみつかった「太陽のピラミッド」がつくられる前の公共建造物の壁

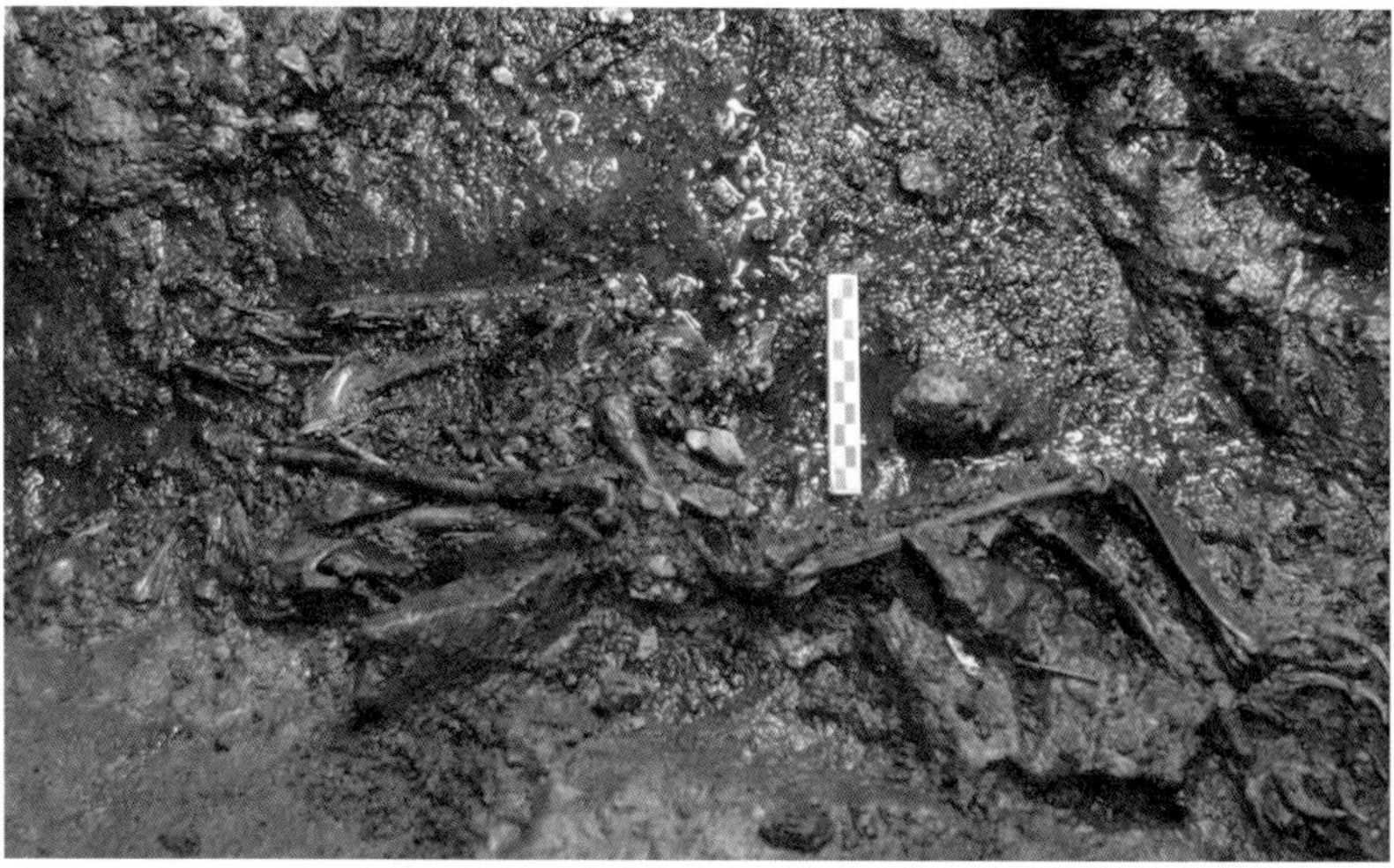

「太陽のピラミッド」中心近くで発見された奉納セット２に含まれていた鷲の生贄(上)とトラロクの壺(下)の出土の様子。ⒸSPP

に反して埋葬墓や奉納施設は存在しなかった。

東西の中央トンネル内でのピット発掘からは、さらに古い壁が発見された。出土した壁は、ピラミッドの外壁ではなく、両面に漆喰の貼られた厚い壁で、テオティワカンの方向軸に沿って南北へ延びていた。ピラミッド建設以前にも、その中央部付近にすでに公共建造物があったことがわかったが、「太陽のピラミッド」がつくられたときにほぼ完全に破壊されたため、どのようなものだったかは不明瞭だ。

幼児の埋葬も発見されたが、骨に外傷はなく、生贄にされたのか、自然死なのかは不明だ。二つの奉納セットが、ピラミッドの中心地点から少し西寄りの地点で出土した。セット1は黒曜石の人物像、巻貝、繊維質が、突然、盛土の中から発見された。セット2は、大量の象徴品とともに、鷲が出土した。黒曜石のナイフ、鏃、石刃、貝製品、雨神トラロクの土製壺、黄鉄鉱製の鏡、さらに玉座（のシンボル）かと思わせる四角な座椅子状の黄鉄鉱板が含まれていた。蛇紋石の石像、そして、よく磨かれた仮面も発見された。

仮面は、これまでテオティワカンで出土した仮面と大きく異なり、顔より小さなサイズで、裏面の加工の跡から、実際に使われたものではなく、マヤの王墓の例のように、重要人物に捧げられた奉納品タイプだろう。しかしこの場には、捧げるべき埋葬体はない。

あとになって、ピラミッドのデータを統合整理して考えたことだが、この仮面、そして奉納セット2のすべてが特別な死者に捧げられたのかもしれない。ピラミッドの西側正面壁から奉納セット2までの距離が、同じ壁から次に述べる「太陽のピラミッド」地下の古代トンネル最奥部までの距離と一致している。つまり古代テオティワカン人は、筆者がほかの理由から盗掘された王墓と解釈した場所の上、六・五メートルの地点を計測して奉納品セット2を供え、それらを覆って「太陽のピラミッド」建設を始めたと考えられる。距離の一致は偶然と考えにくく、後述するように、かつて王墓が古代トンネルの最奥部にあったという解釈をサポートするデータでもある。ただ、二つの地点は南北に関してはずれており、地下トンネルが蛇行しているため、テオティワカン人が正確に計測できなかったのではと勝手に考えている。

「太陽のピラミッド」下の古代トンネル探査

一九七一年に偶然「太陽のピラミッド」前で小さな穴がみつかり、それが古代トンネル発見につながった。トンネルは蛇行しており、発見当時は自然の洞窟に手を加えた儀式場だったと解釈された。「太陽のピラミッド」下の洞窟はメソアメリカの伝説である洞窟信仰の発祥地の一つと考えられた。テオティワカン研究の第一人者レネ・ミリョンや古文書研究者ドリス・ハイデンらは、「すべてここから始まった」というほど、この洞窟を重要視し、その存在ゆえに、その上に巨大なピラミッドが建設されたと解釈した。筆者は「月のピラミッド」発掘当時からこの聖洞窟の解釈に関心をもち、都市全体の測量とともに「太陽のピラミッド」の再調査を企てていた。「太陽のピラミッド」調査団長、アレハンドロ・サラビア氏と組み、二〇〇九年からピラミッド

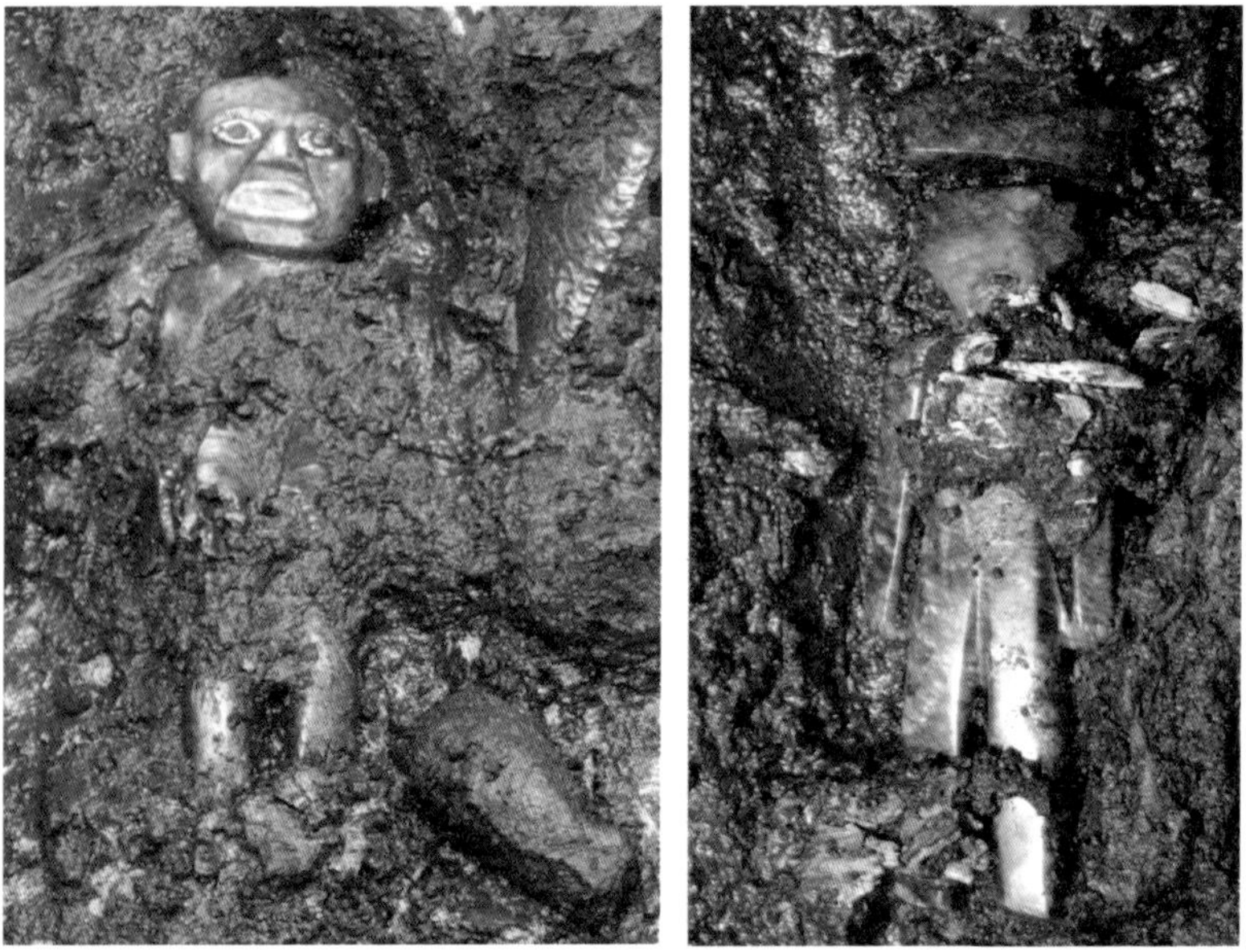

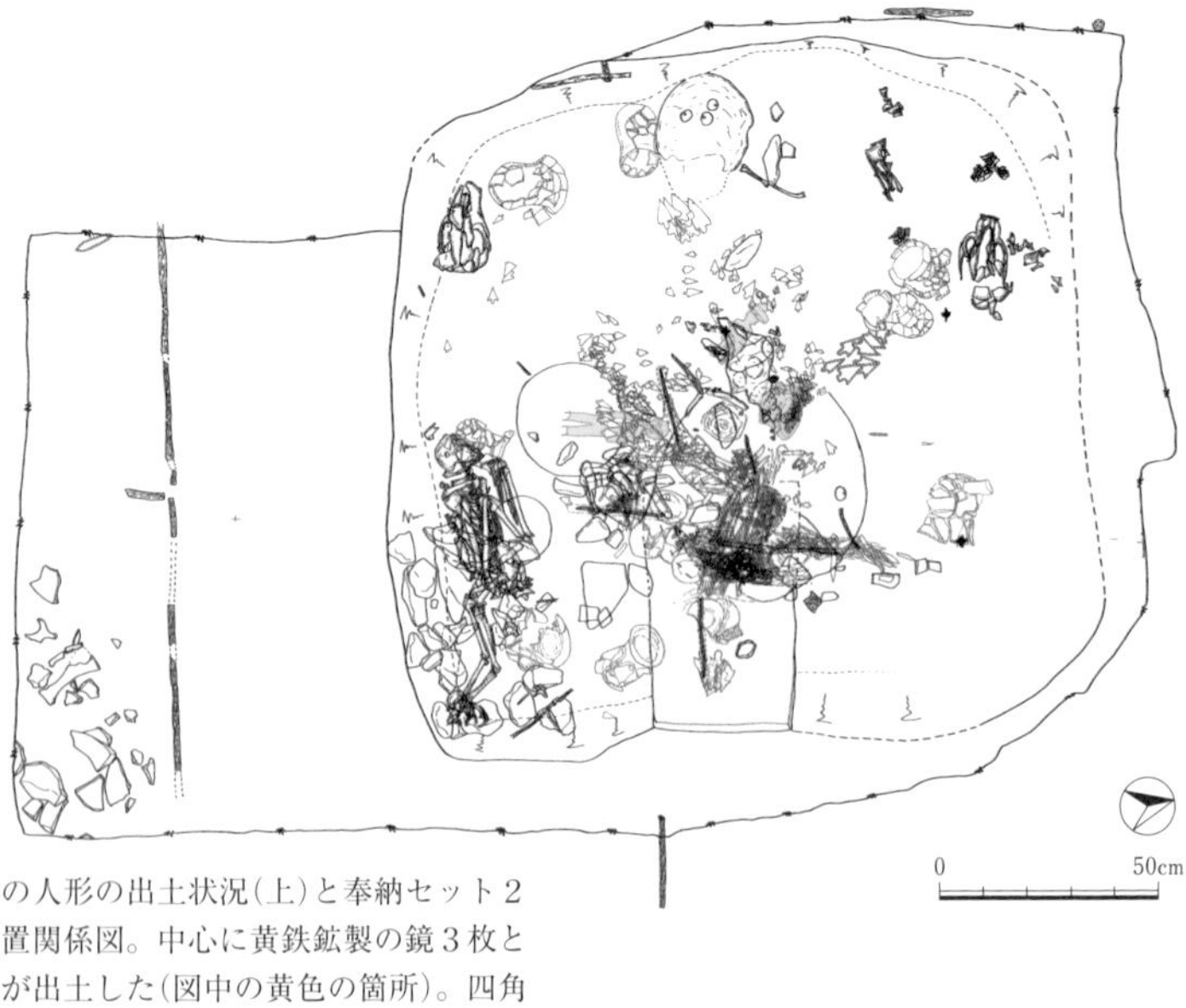

蛇紋石製の人形の出土状況(上)と奉納セット2の出土位置関係図。中心に黄鉄鉱製の鏡3枚と四角い板が出土した(図中の黄色の箇所)。四角い板は玉座の座面と考えられる。©SPP

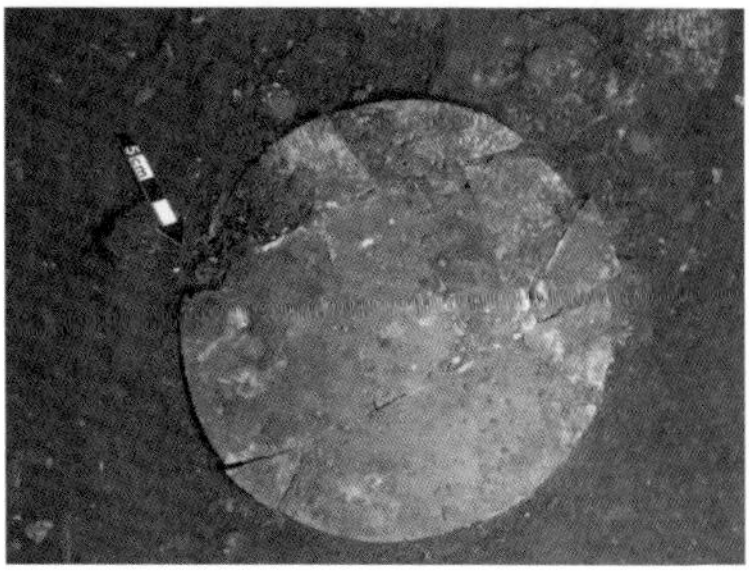

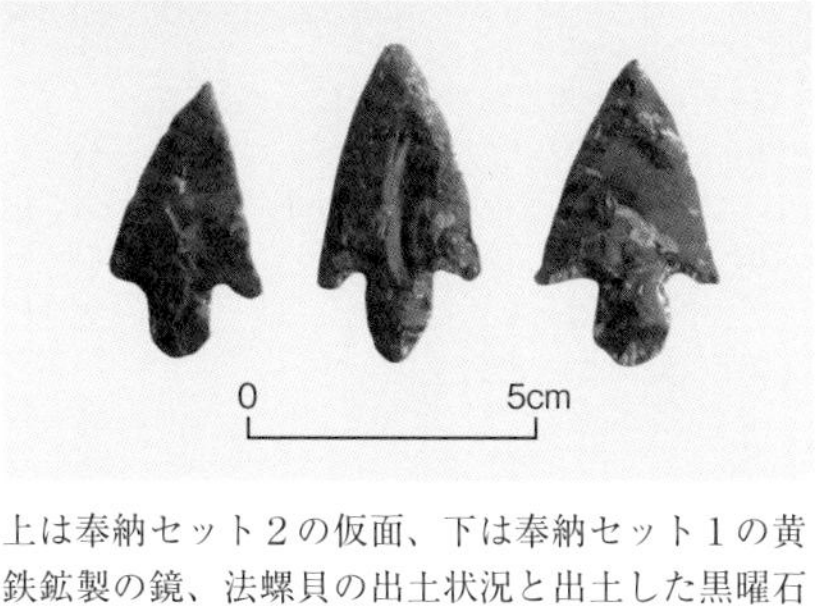

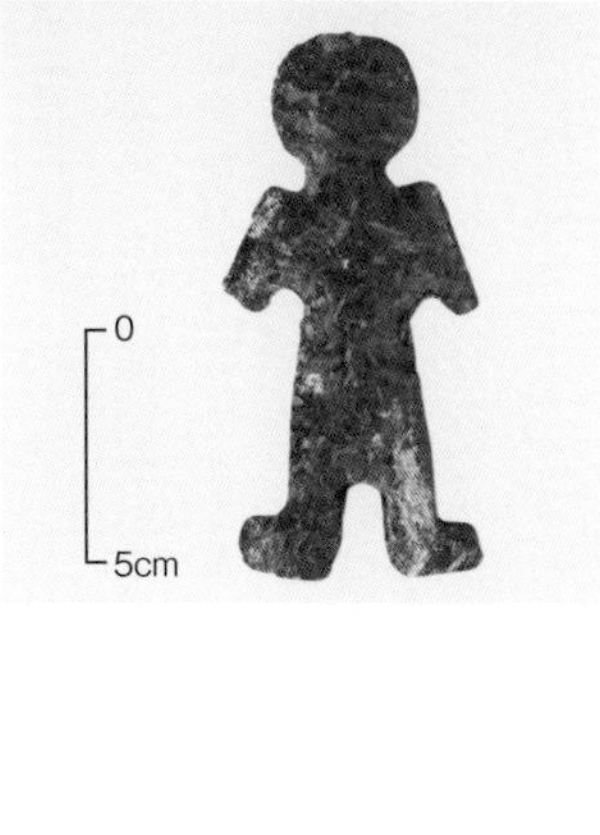

上は奉納セット２の仮面、下は奉納セット１の黄鉄鉱製の鏡、法螺貝の出土状況と出土した黒曜石製の人形、鏃。©SPP

内部調査を担当し、洞窟の測量とピット発掘を洞窟内でおこなった。結果、聖洞窟は古代テオティワカン人によりつくられた完全に人工のトンネルであり、その最奥部は、かつて王の遺体、もしくは火葬された骨を安置した場所であり、のちに盗掘されたと考えるに至った。以下がその理由だ。

洞窟と呼ばれた空間は、その形状から明らかに人工のトンネルである。平均の幅二・二メートル、高さ二メートルはヒトが通るため、ヒトがつくったサイズであり、自然に形成されたものではない。全長一〇〇メートルにわたって水平に掘られ、高さの誤差は±〇・五メートル以内だ。自然ではありえない。トンネルが蛇行しており自然の洞窟かと思わせるが、ときには露出した大きな溶岩がルートを迂回させたかともみえるし、規則的な緩やかなうねりは、王権のシンボルである神獣、蛇のくねりを真似たかとさえ思わせる。

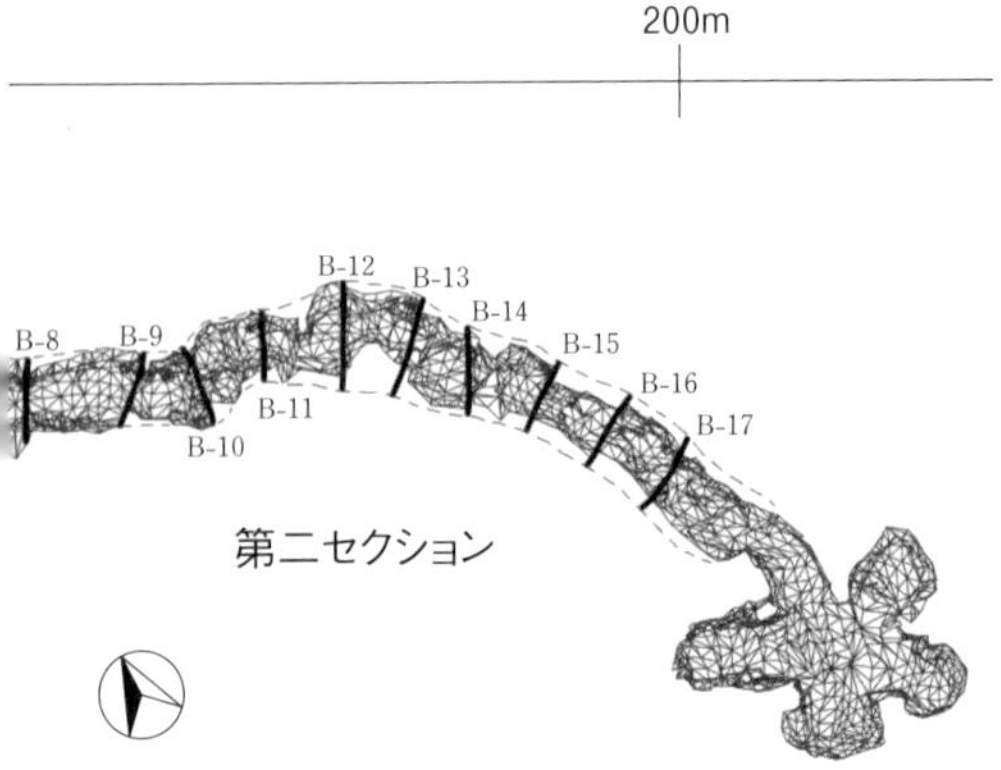

内部で観察される施設の状況も王墓だった可能性を示す。入口はピラミッド正面階段の最下部から六・五メートル垂直に岩盤を掘り下げてある。そこからピラミッド中心付近まで蛇行しながらトンネルが続く。明らかに二つのセクションに分かれ、第一セクションとなる入口部分は急な偽階

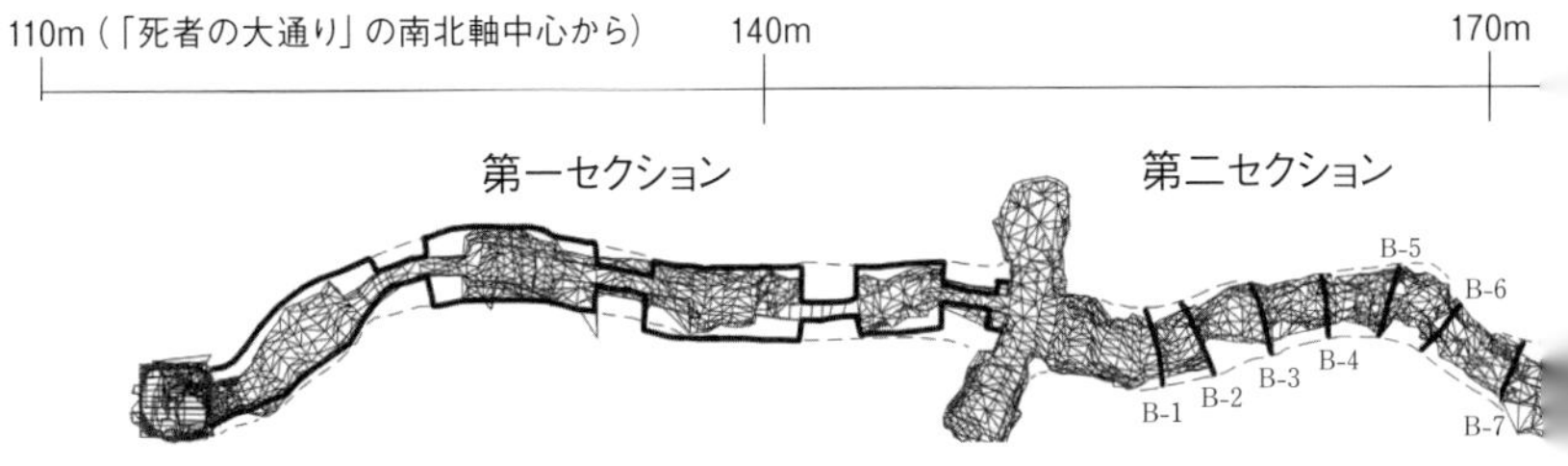

太陽のピラミッド古代トンネルの平面図。©SPP

段から始まり、トンネルの中間地点に左右対象に設置された二つの部屋まで続く。この部屋まではおそらく儀礼空間と思われる。そこから最奥部まで第二セクションが続く。その間に一七の壊された壁が確認でき、最奥部は四つの部屋につながっている。部屋はかつて壁に囲まれた空間だったと思われるが完全に破壊され、発掘時には黄鉄鉱製の鏡の破片以外、特別な発見はなかったと思われる。第二セクションを区切る一七の壁は、聖数である一八の空間をつくり、外側に向けてつくられ、壁面には泥のモルタルが塗られ、その閉塞のたびごとに内部空間は完全に埋め戻されている。さらに外側に別の壁をつくり、またその間の空間を完全に埋めるという作業を繰り返している。これは何か重要なものを内側に納め、それを守るために完全に封鎖したかと読み取れる。その後、それらすべての壁の中央部分を壊し、最奥部まで侵入した跡が明白だ。いわゆる盗掘の跡と考えられるが、その年代を示すデータに欠ける。構造からすれば、古代トンネルの最奥部が、その中心的な位置か

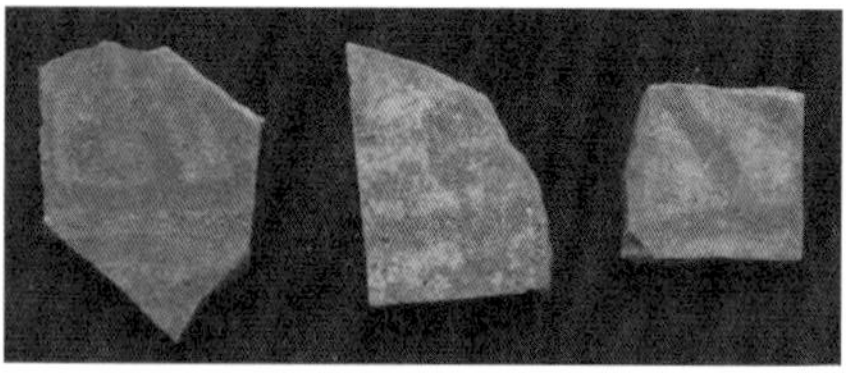

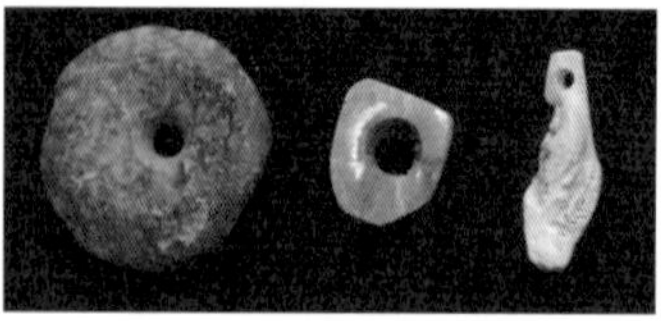

第二セクションの壊された壁(上)。地下にあった古代トンネルの入口(右)。地下6.5メートル、調査のための階段の下にはテオティワカン時代の偽階段がみえる。わずかに緑石製品(下の３点の写真)の破片などが入口付近から出土した

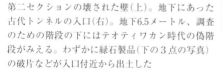

「太陽のピラミッド」の中心点は、岩盤上に敷き詰められた石があるのみだった(左上)。「洞窟」は蛇行するが長さ100メートルにわたり、ほぼ水平に掘られていた。トンネル内の第一セクションの通路はさらに細く狭い通路(右上と下)で5つの空間に区切られていた

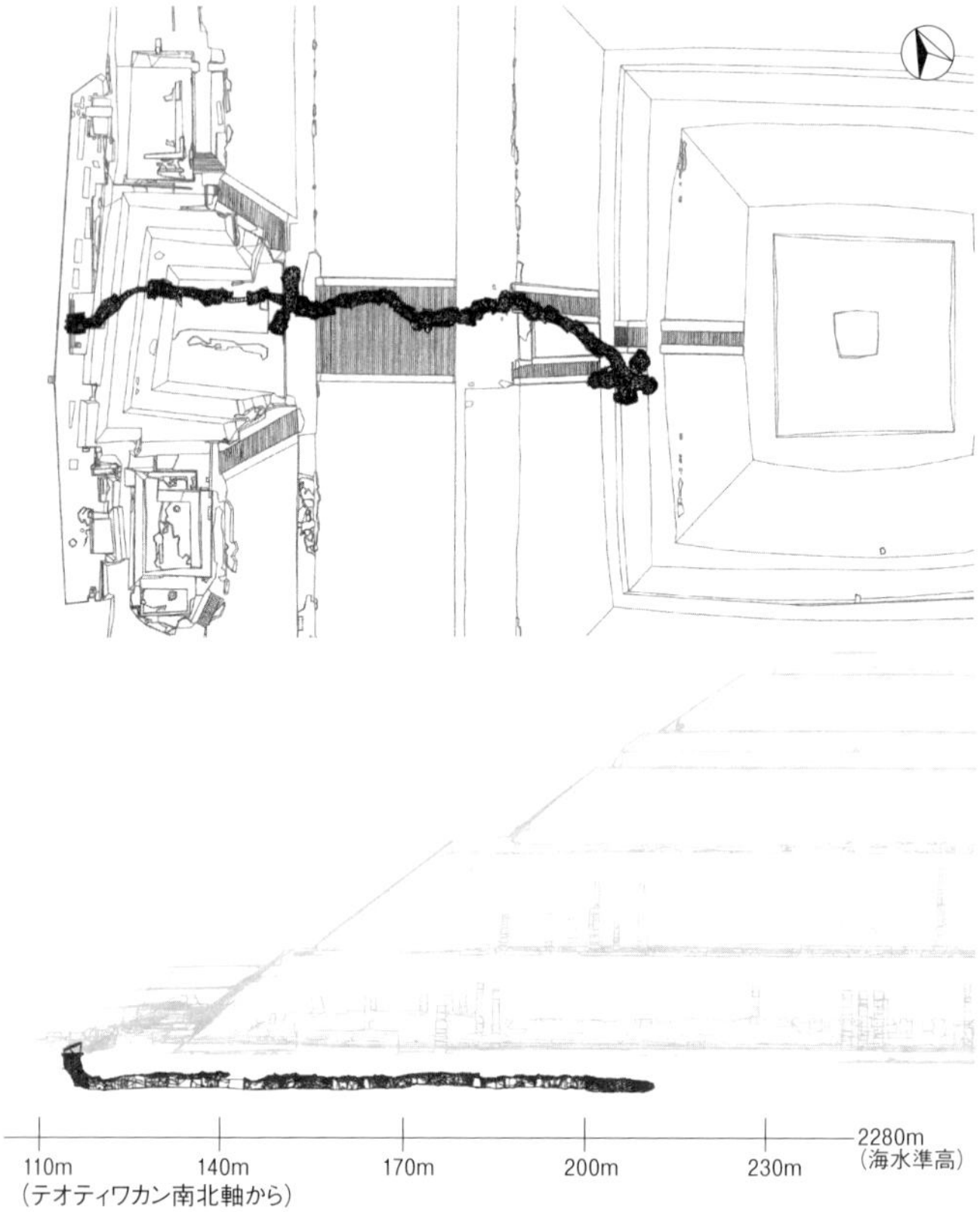

太陽のピラミッドと古代トンネルの位置。©MPP

ら、王墓のあった場所と想定される。マヤ王朝のモニュメント内部に発見されている王墓の空間配置、もしくはメソアメリカ北西部の同時代に広くみられるシャフト墓の形と類似する。トンネルはメソアメリカの世界観でいう、人が死ぬと戻るという水の地下界を再現し、重要人物の埋葬儀礼がおこなわれた舞台だったと推測される。盗掘の跡が多く残るが、明らかに内部に重要人物の骨や特別な奉納品が埋め込まれていると知って侵入したのであろう。実際に筆者らがトンネル内部の入口付近で掘ったピット発掘では、侵入者が残したとおぼしき象徴品の破片が出土している。かつてはトンネル奥深くに奉納品が豊富にあったと思わせる。前述の緑石の仮面を含む奉納品セット2がトンネル最奥部の上で発見されたこと、さらに次節で述べるもうひとつの似た古代トンネル発見の状況も、テオティワカンに大規模な王墓がかつてあったことを示している。

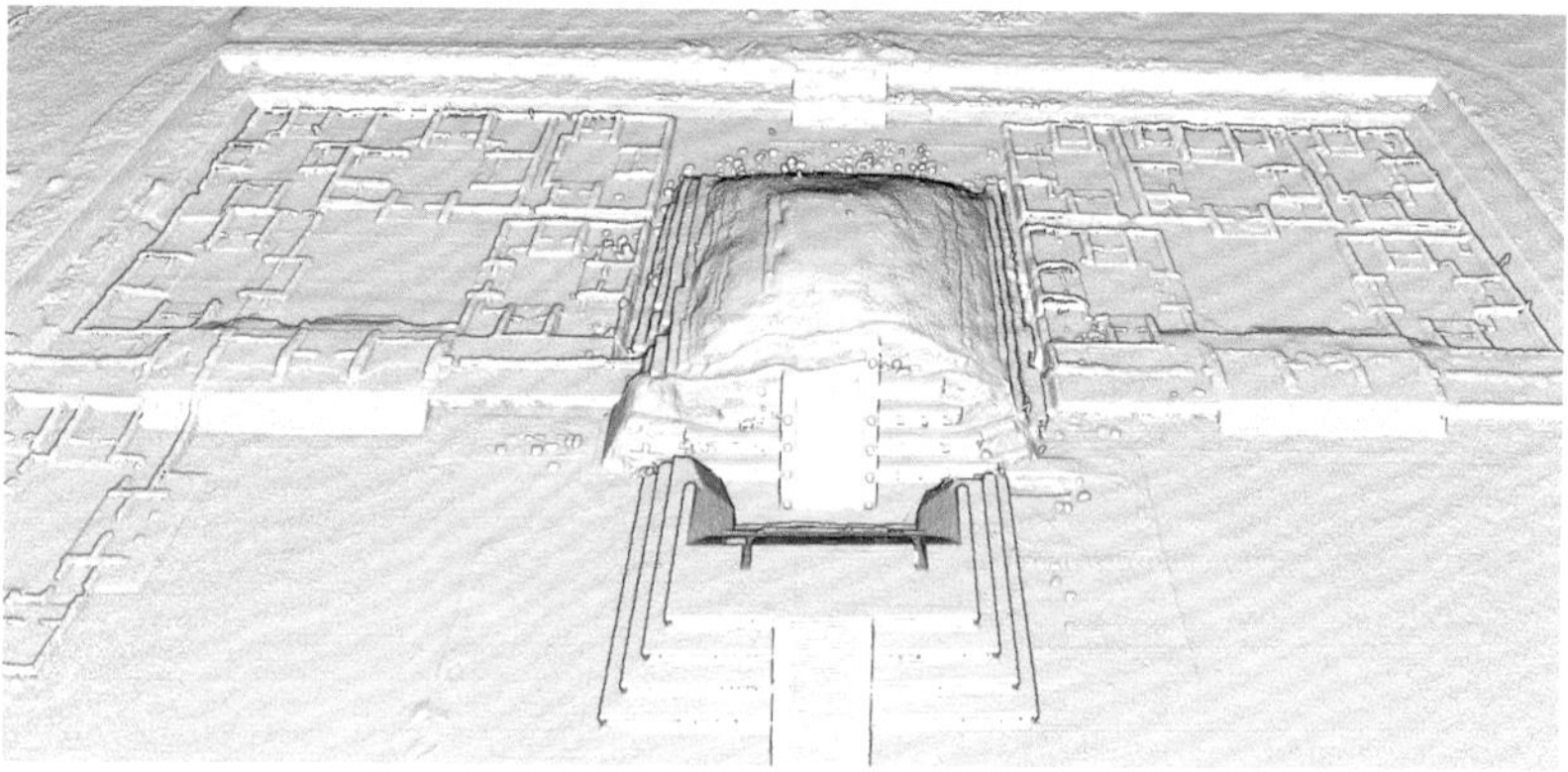

「羽毛の蛇ピラミッド」北側から(上)。下はLiDAR図の「羽毛の蛇ピラミッド」と宮殿。広場内部の床は白い漆喰で塗られていた。©PMCC3D

「城塞」北施設（手前）側からプラットフォームをみる。三方を高い壁に囲まれ閉鎖空間となっていた

4 「羽毛の蛇ピラミッド」を掘る

「太陽のピラミッド」に比べて「羽毛の蛇ピラミッド」はより総合的、集中的に調査され、その特性、関連する埋葬や象徴体系は、現在よく理解されている。また土器編年と絶対年代も比較的正確に確立されている。

最初の大がかりな調査は一九一七年〜一九二二年、マニュエル・ガミオの調査団による「城塞」の総合調査だ。その調査の一環ではじめて「羽毛の蛇ピラミッド」の発掘がおこなわれ、そのピラミッド命名の由来となる「羽毛の生えた蛇神」の石彫が嵌《は》め込まれた壁面が出土した。一九二五年、一九三九年の調査では、この神殿ピラミッドの四隅と正面階段の前で埋葬体と副葬品の一部が発見された。その後一九八〇年〜一九八二年のメキシコ政府調査団（ＩＮＡＨ）により、遺跡公園の南半分の大がかりな発掘・修復作業がおこなわれた。「羽毛の蛇ピラミッド」も再調査され、その南北両側面が発掘された。

当時、メキシコ政府調査団にはじめて参加した筆者は、担当したピラミッド南側の調査で二〇体の戦士集団の墓を発見し、「羽毛の蛇ピラミッド」において大規模な生贄埋葬墓群が存在することが推測可能になった。これを機に結成された「羽毛の蛇ピラミッド」調査団は、後述するように、一九八八年〜一九八九年にモニュメント内外で集中的に発掘をおこなった。テオティワカンにおけるピラミッドと政治に関する実質的な資料がこの発掘調査によってもたらされた。

さらに、二〇一〇年からは「羽毛の蛇ピラミッド」の下にあったトンネルの調査が始まった。このトンネルは偶然にみつかったもので、ピラミッド前の広場から地下に一五メートルほど垂直に下り、そこから水平に一〇〇メートルほど続き、ピラミッドの真下付近に達している。テオティワカン時代初期につくられたトンネルで、セルヒヨ・ゴメス氏により、内部に詰まっていた大量の土砂を取り除きながらの古代トンネル調査がおこなわれた。「太陽のピラミッド」の下でみつかった古代トンネルと非常に似た構造で、同様に王墓である可能性が高い。以下、発掘プロセスを追いながら、具体的な考古学データをまとめ、変わりつつあるテオティワカン国家像を推測してみよう。

最大の儀式場「城塞」

テオティワカンの都市構造をみると、大ピラミッドを中心に人が集まるために設計された儀礼センターであったとわかる。いくつかある広場のうち、その規模と象徴性からして「城塞」がメインの集会場だったのであろう。「城塞」は「死者の大通り」沿いにあり、都市の中心部の南端に位置する。テオティワカン・マッピング調査団は、大通りがさらに南のパトラチケ山のふもと

「城塞」内部、広場の南側から。手前の赤い屋根の下の建物には金星のような図像が描かれた壁画があった（下）

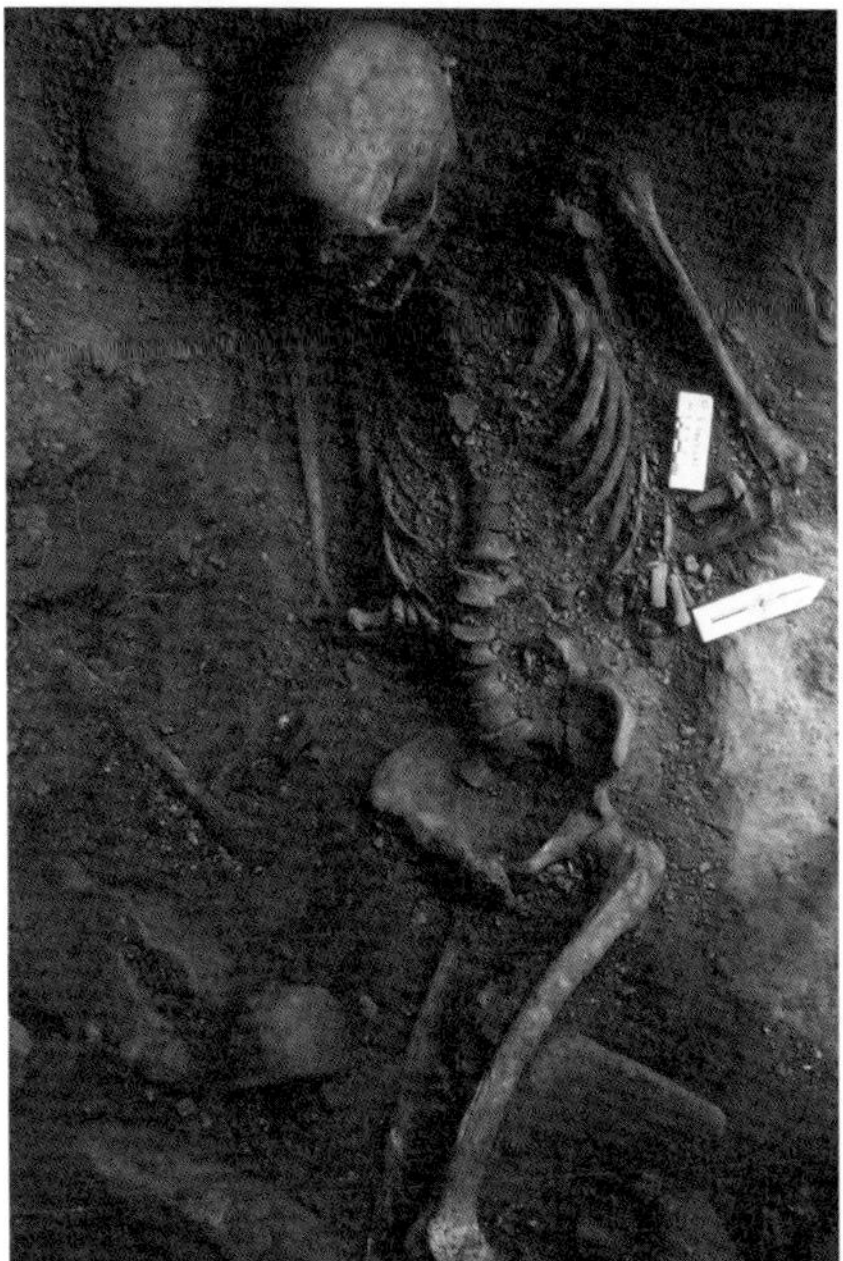

筆者が1980年代からの集中的な発掘で発見した生贄埋葬体。手を後ろで交差した埋葬体(下の写真)が多く、捕虜であった可能性が高い。埋葬体のアイソトープ分析から出身地を異にする人々であったことがわかった。©PTQ

まで続いていたと提唱するが、現在のところ、そのような大通りの延長を確認できる建築群はない。おそらく、繁栄期に拡大した住居群を結ぶ機能をもった道路網が南にも延びていたであろうが、「死者の大通り」に匹敵するような、両側をプラットフォームで仕切った儀式用の大通りはない。

「城塞」は四方をプラットフォームで囲み、都市最大の広場を内包する。その中心神殿として荘厳な「羽毛の蛇ピラミッド」が建つ。ピラミッドの両側には「北の宮殿」「南の宮殿」がたたずんでいる。一辺約四〇〇メートル×四〇〇メートルの「城塞」の中の広場には、人が立った状態で一〇万人がすっぽり入るという。これは都市の推定人口にあたる。

発見された生贄埋葬例が示すように、「羽毛の蛇ピラミッド」でも集合生贄儀礼がおこなわれていた。このピラミッド内で一三七体の生贄が発見されている。一部破壊を含めて、考古データはこのピラミッドの複雑な改築史を語っている。まず「城塞」内部の施設をみてみよう。

北、東、南側には、幅八三メートル、高さ七メートルのプラットフォームが配置されている。建造物が発掘、修復された現在では、「死者の大通り」に面する西のプラットフォームのみ、幅三四メートル、高さ三・五メートルと、他の三方のプラットフォームより一段低く、幅も狭い。正面の中央には三〇メートル幅の階段があり、これが外からの唯一のアクセスとなる。北、東、南のプラットフォーム上には、さらに高さ二メートル以上の石壁がめぐらされており、外部と完全に遮断していた。内部を囲む三方の閉鎖性に比べ、開かれたかにみえる西のプラットフォームは対照的なようだが、たとえば、遺構として残りにくい木製の塀や、人力により開閉がコントロールされる門などがあれば、やはり防備された「城塞」となる。ともあれ、「城塞」は機能的にも、精神的にも閉ざされた空間であり、ひとたび内部に入れば、周りはプラットフォームと基壇以外、天界と白い漆喰の床面だけの舞台が広がっていた。

「城塞」の北外側には、厚い石壁で閉ざされた何らかの機能をもった空間（北施設）が付け加えられていた。北プラットフォームから北施設に下りる階段がつけられており、「城塞」内部に住む集団のための閉ざされた空間であったと考えられる。ここでテオティワカンに特徴的な香炉台を製作する工房跡がみつかっている。おもに戦士のシンボルで飾られた香炉台は、「城塞」内に居を構えるテオティワカン国家のトップ集団によって製作され、強い軍事国家だったことを示している。東西南北のプラットフォーム上には、それぞれ三、四、四、四基の中規模の神殿基壇が建てられている。これら一五基の基壇に関係する建物も図像も付近から出土せず、その役割は明確でないが、広場でおこなわれた儀礼に関係していたと考えられる。広場の中央には、四方に階段のある小さな基壇が、また広場の南には独立した建造物があり、金星らしき図像が描かれた壁画が残っている【128頁の下の図】。

ピラミッドの両側面にある南北の「宮殿」には、「羽毛の蛇ピラミッド」が王権のシンボルだったことから、最高位のリーダー集団が住んでいたと想定できる。二つの施設の空間配置は酷似しており、住居複合体か儀礼のための国家的な施設と考えられるが、その規模から、国家行事を

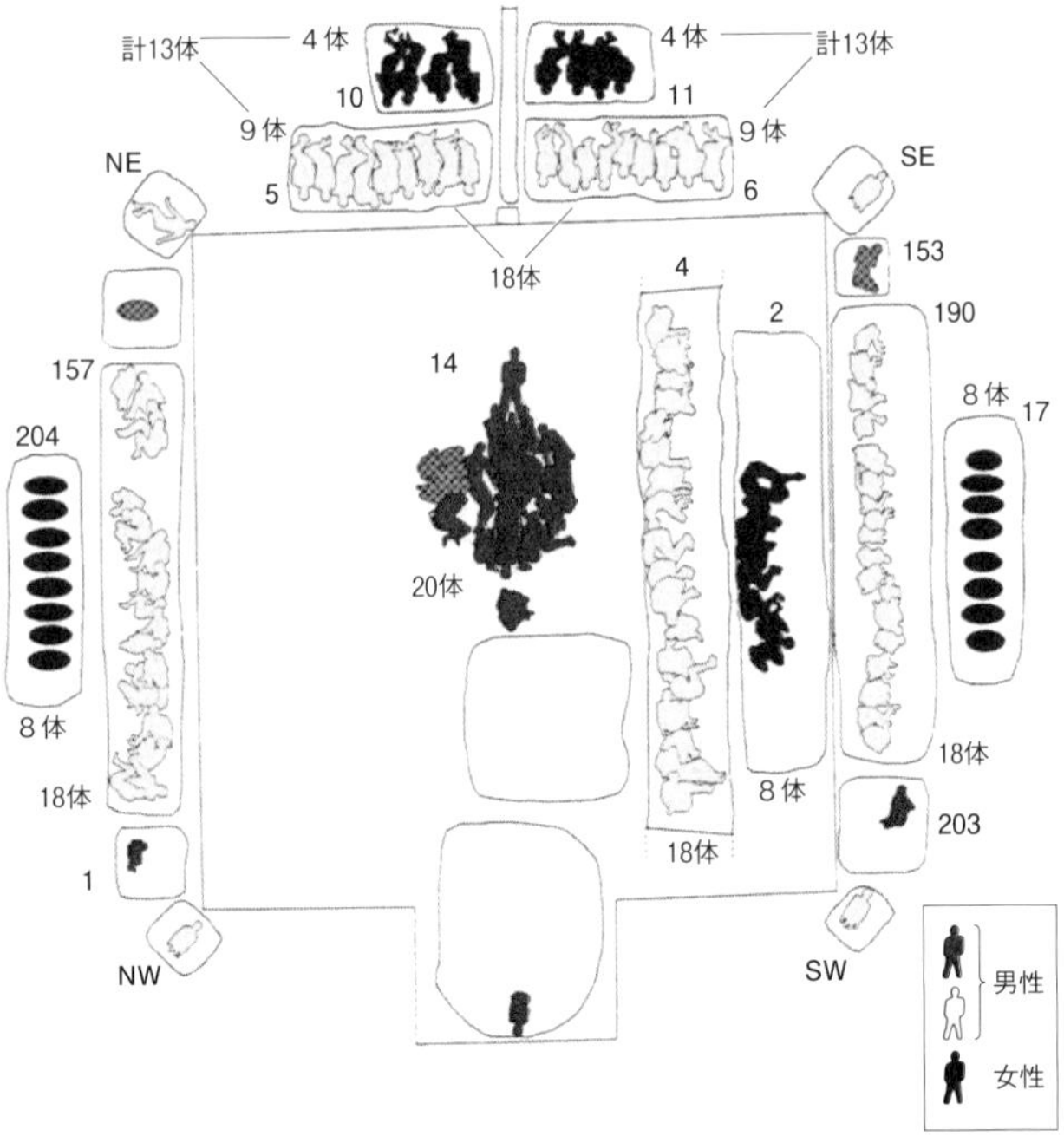

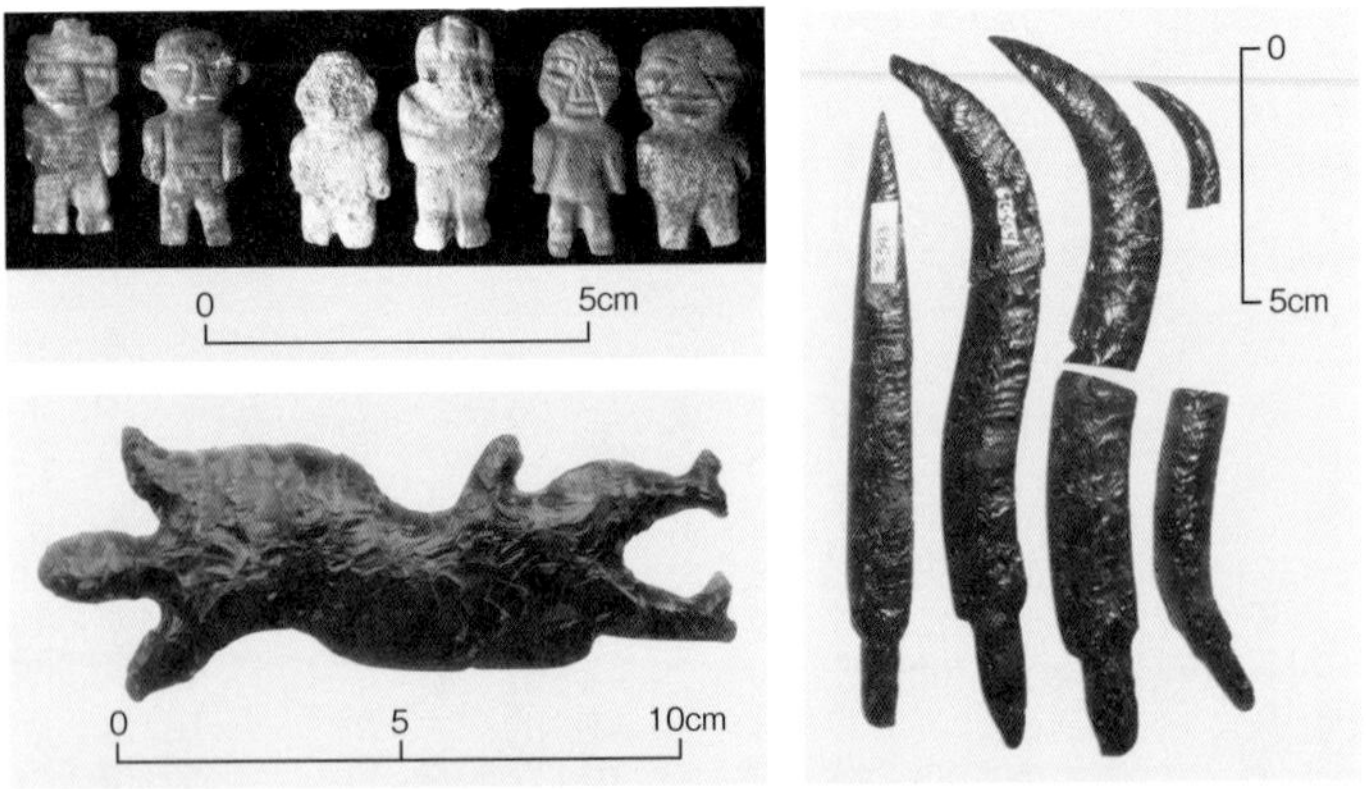

「羽毛の蛇ピラミッド」の埋葬墓配置模式図。埋葬体の形状をわかりやすくするため、墓の大きさとピラミッドのスケールは実際とは異なる。9体×2の男性グループのそばに、4体×2の女性グループが置かれるなど、配列にセット性をうかがわせる(上)。数字は埋葬墓の号数。下は中心の埋葬墓14の副葬品のナイフと人形と黒曜石製品。鏃と羽毛の蛇神の頭部を組み合わせた形(左下)

歯のイミテーションネックレスなどたくさんの装飾品をつけた埋葬体が出土(埋葬墓5)。
下は「羽毛の蛇ピラミッド」中心埋葬墓14の発掘の様子

コントロールする施設として十分な広さがあるとはいえない。「太陽のピラミッド」前にある「太陽の宮殿」、さらに「月のピラミッド」周辺の「宮殿」の建築複合体とも連携し、機能していたと推測される。「月のピラミッド」や「太陽のピラミッド」内の奉納墓から出土した奉納品や装飾品の中には、同じ製作者の手によるものと思わせるほど酷似するものが多数含まれている。同じ国家の統率者グループの世界観を具現化した作品が、それぞれ儀礼の意図と機能により、配分され、埋葬されたと想わせる。

「羽毛の蛇ピラミッド」の発掘

一九八〇年代の集中的な発掘により、当ピラミッドの周辺と内部から、現在まで合計一三七体を含む二五基の墓が多種多様な副葬品とともに発見された。きわめてユニークな埋葬で、特有の宗教や世界観があったことが明らかになっている。

そもそも、テオティワカンのピラミッドの発掘は、「羽毛の蛇ピラミッド」のひとつの埋葬墓が偶然に発見されたことから始まった。一九八二年にピラミッド南側の通路において、層位をみるために開けたピット（試掘坑）から、埋葬墓（153）が出土した。先行研究によると、テオティワカンでは建物の中心軸や中心点、角などに墓をつくる傾向にあるが、153は中心軸から外れた場所にあった。そこでピラミッド南北中心軸の反対側に対応する地点にピットを入れたところ、別の墓（203）が出土し、中心軸上でも一八体の生贄埋葬墓（190）が発見された。

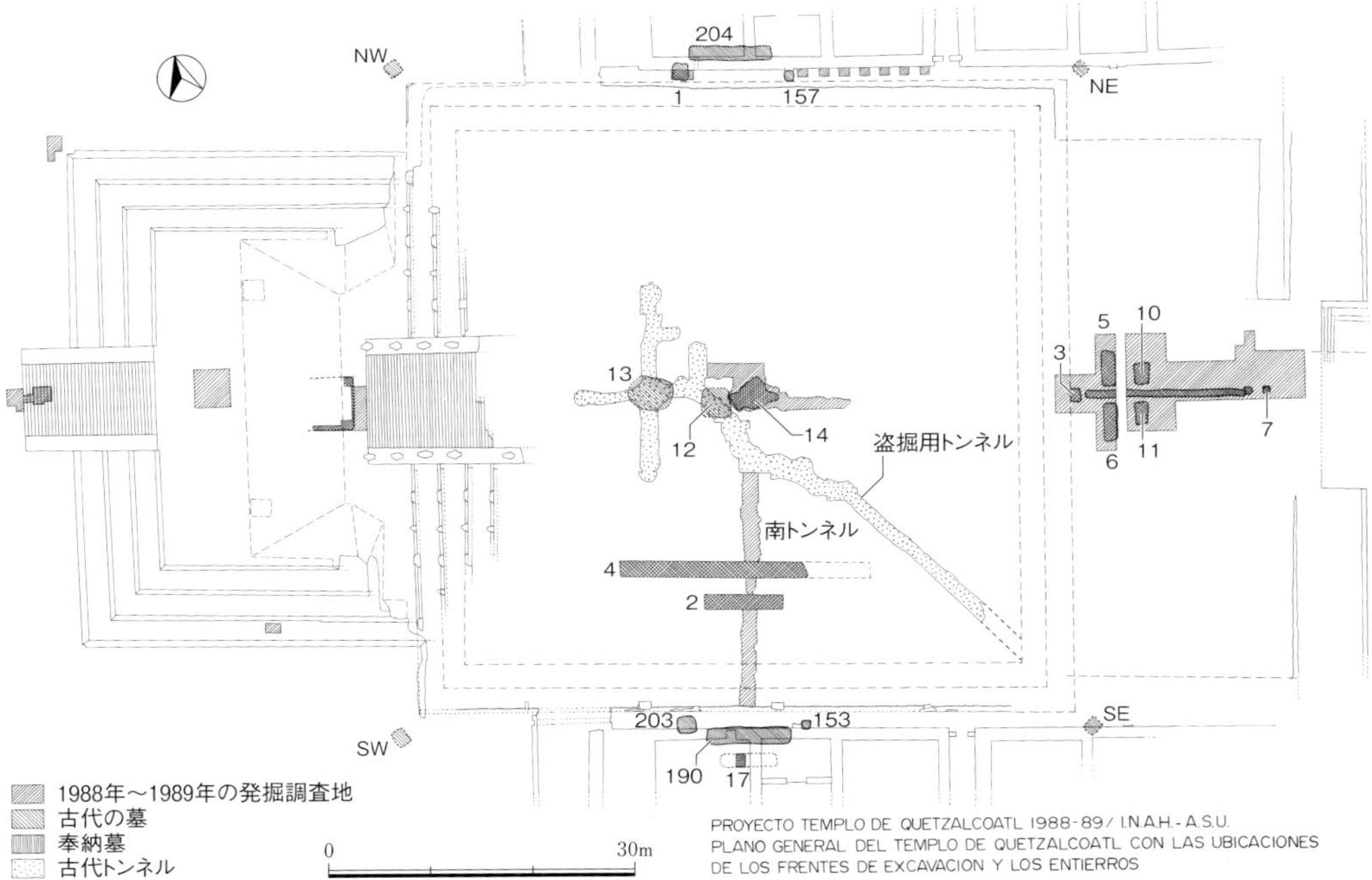
NW
NE
SW
SE
204
1
157
203
153
190
17
13
12
14
3
5
6
10
11
7
4
2
盗掘用トンネル
南トンネル
1988年～1989年の発掘調査地
古代の墓
奉納墓
古代トンネル
0
30m
PROYECTO TEMPLO DE QUETZALCOATL 1988-89/ I.N.A.H.- A.S.U.
PLANO GENERAL DEL TEMPLO DE QUETZALCOATL CON LAS UBICACIONES
DE LOS FRENTES DE EXCAVACION Y LOS ENTIERROS

「羽毛の蛇ピラミッド」発掘調査地点。数字は埋葬墓の号数

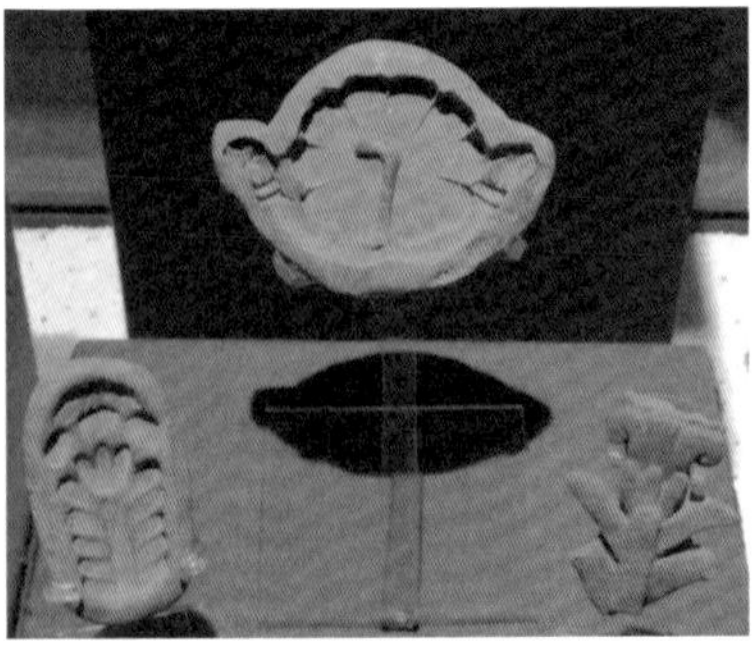

「城塞」の「北施設」「北の宮殿」から出土した香炉台の飾りの型。出土地は工房跡と考えられる。工房跡からは1万5000点以上の香炉台用飾りの破片やそれを量産する土製の型の破片が出土した。テオティワカン博物館蔵

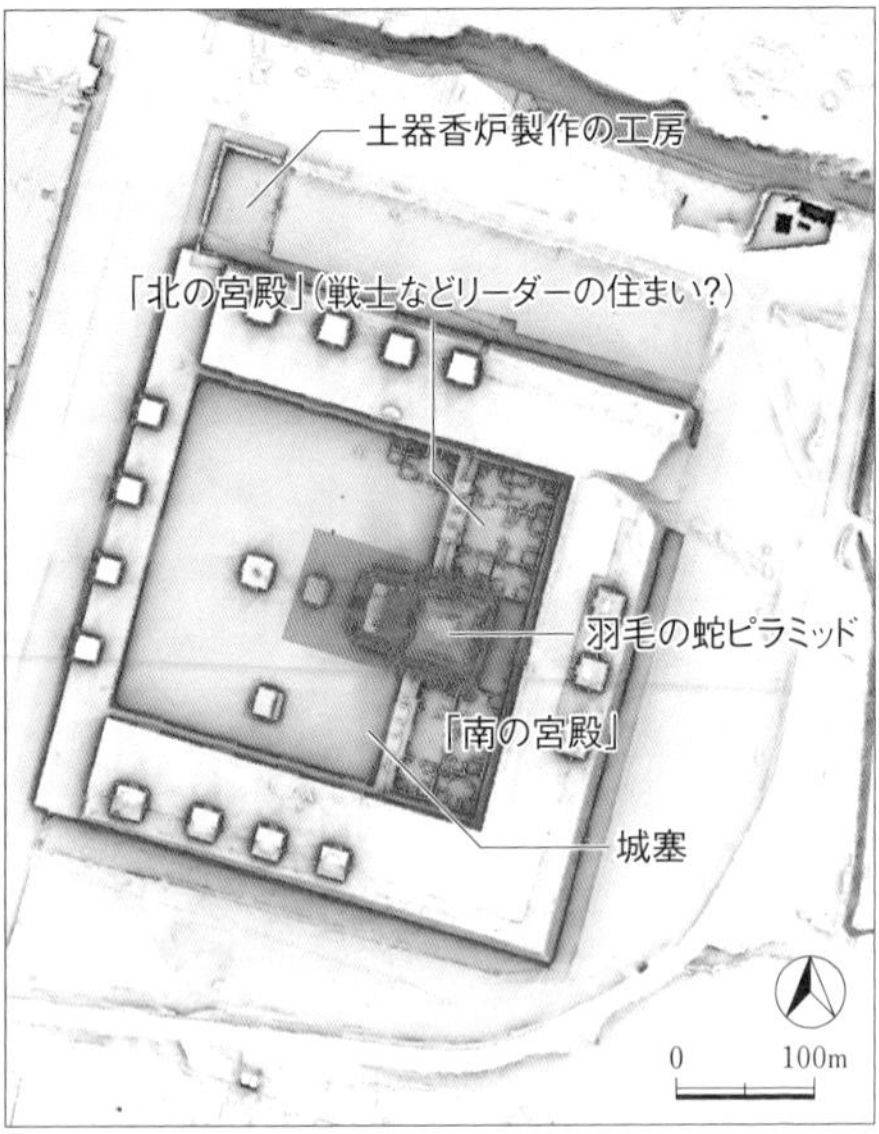

土器や壁画に頻出する「羽毛の蛇神」のモチーフ。上はピラミッド壁面の「シパクトリ」、中は「羽毛の蛇神」の頭部。下左は「羽毛の蛇神」を貼りつけた土器の部分(「石柱の広場」出土。© PPCC)。下右の図のようなモチーフで壁画などに描かれる

それらは、東西軸の反対側にも対応する墓が存在する可能性を示唆していた。様々な可能性を提起する重要な発見で、その後、ピラミッド内部のトンネル調査をおもな戦略として、古代国家の創成の謎を探る研究が続いた。前述の発掘史である。

まず筆者は埋葬墓153、190、203についての論文を科学雑誌『アメリカン・アンティキティ』に発表し、さらにステップアップした国際プロジェクトを組み、生贄埋葬システムの全体像を摑む次の研究プロジェクトへとつなげていった。

一九八八年〜一九八九年には、筆者が当時所属していたブランダイス大学のジョージ・コーヒル、メキシコ政府研究所（ＩＮＡＨ）のルベン・カブレラ氏と組み、「羽毛の蛇ピラミッド」の総合調査を実施した（のちに筆者らがアリゾナ州立大学に移転したことから、アリゾナ州立大学とＩＮＡＨのプロジェクトとなる）。それぞれの埋葬墓からは、四、八、九、一三、一八、二〇といった数のセットで生贄埋葬体が出土し、それぞれの細長い墓穴に整然と並べられていた。

これらの数はメソアメリカに特徴的な、様々な暦の周期を表すものであり、また九層の地下界、四分された地上、そして一三層の天界といった宇宙観、神話上の空間分割の数でもある。層位学的に、すべてピラミッド建立時に生贄儀礼が執行され、捧げられた埋葬墓群と考えられた。未発掘ながら、ピラミッド内部にその存在が明らかな墓も加えると、総計で二〇〇体以上が一時期に埋められたと推定される。埋葬された人物の分布パターン、また人骨のＤＮＡ分析、また食餌や水から出身地を推測する酸素のアイソトープ分析からも、様々な地方出身者の集団であり、計画

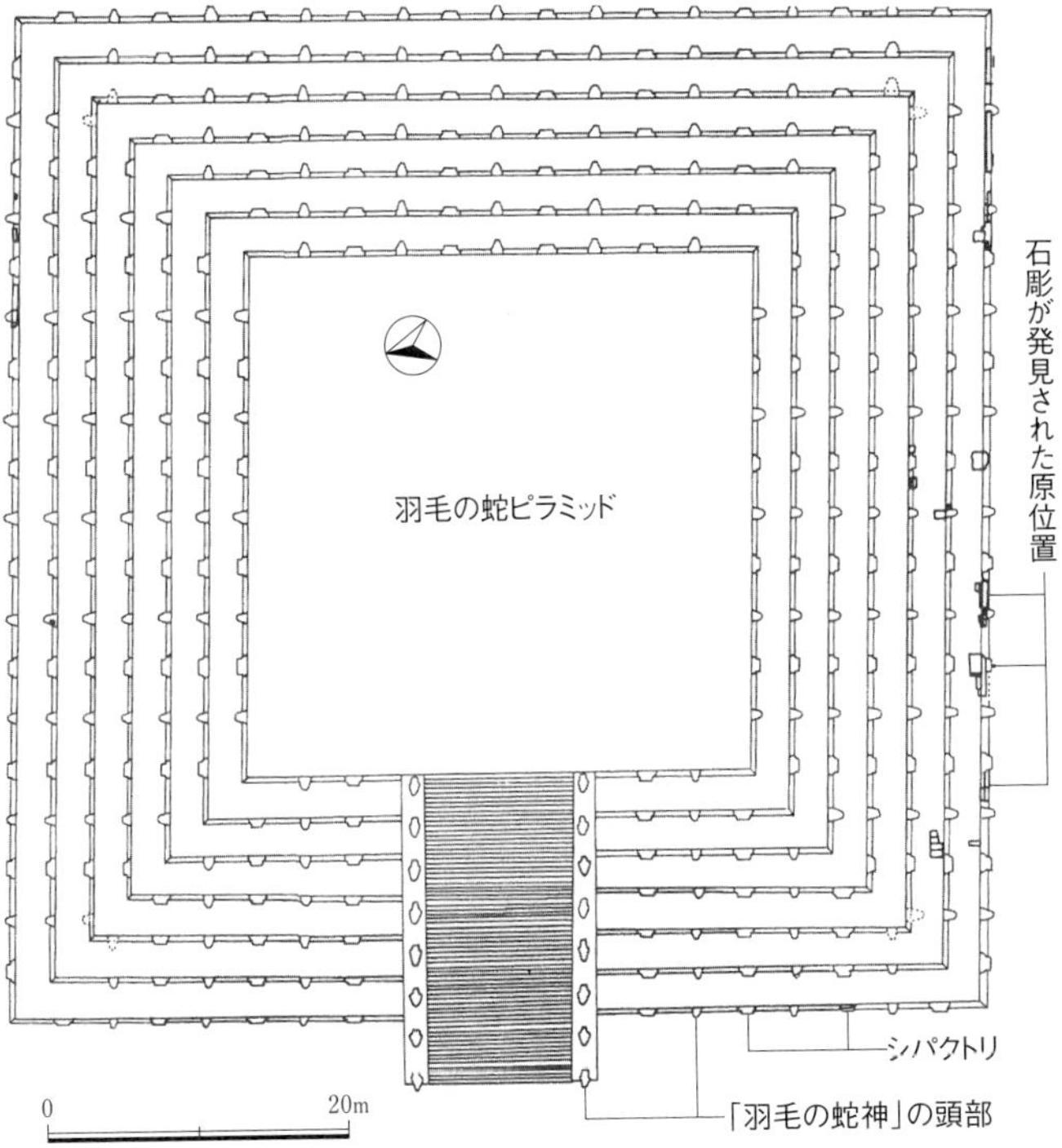

「羽毛の蛇ピラミッド」の壁画装飾位置

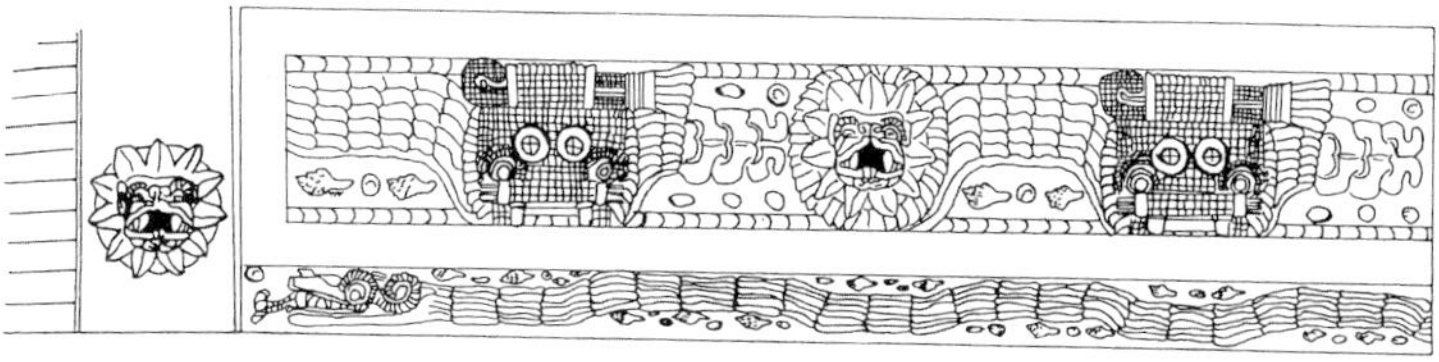

「羽毛の蛇ピラミッド」側面の石彫

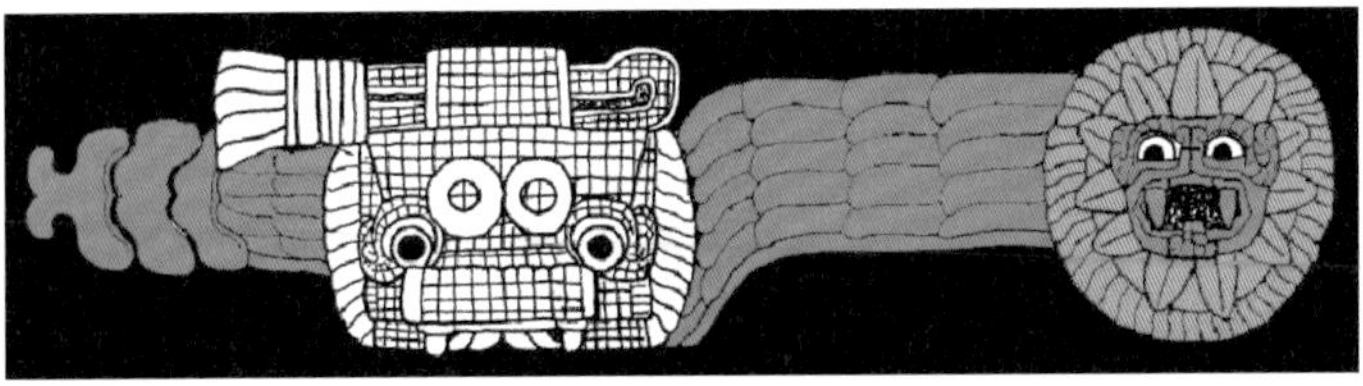

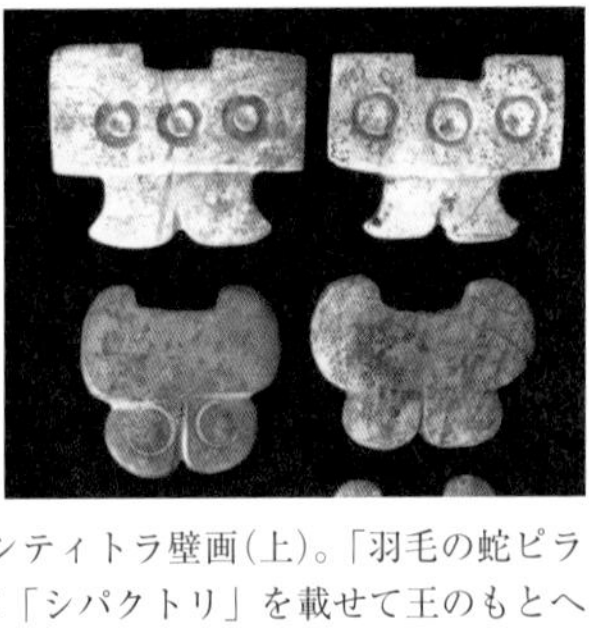

「羽毛の蛇神」の頭飾りをつけた王を描くテパンティトラ壁画(上)。「羽毛の蛇ピラミッド」の壁の石彫は「羽毛の蛇神」が胴部に「シパクトリ」を載せて王のもとへ運ぶ姿をあらわすと考えられる(中)。下はピラミッドから出土した鼻飾りと「羽毛の蛇神」を彫り込んだ木杖の頭部。©PTQ

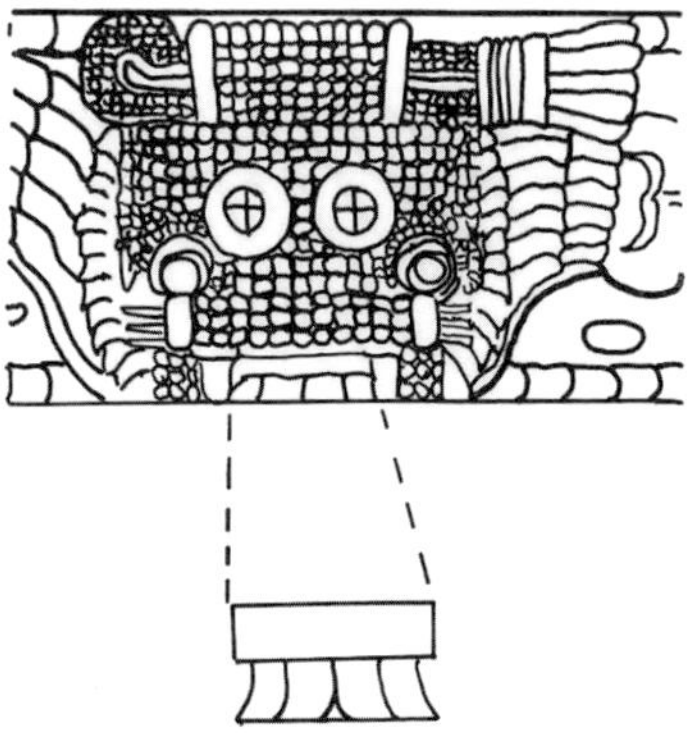

頭飾りと鼻飾りの関係

的な生贄埋葬がおこなわれたと確認できた。調査当時は、出土を期待していた王墓が含まれていなかったので、テオティワカンの国家事業であった神殿ピラミッド建立時に生贄にされた、神官・戦士集団の墓であったと解釈された。

さらに、ピラミッドから出土した大量の副葬品はピラミッド建設に関わった国家の特性を示す。まず、住居地域の埋葬で頻繁にみられるような、土器などの生活用品は含まれず、その多くが被葬者を示す象徴的遺物である。生活空間からは出土が稀なヒスイ、蛇紋石などの緑石や、貝製の大量の装飾品、スレート板と黄鉄鉱が合わさった鏡、「羽毛の蛇神」像を彫り込んだ木杖（采配指令棒）、その他木製品、布など有機物製品の残滓も含まれていた。また住居からしばしば出土する黒曜石製品でも、このピラミッドからは人物像、羽毛の蛇神のミニチュア像、鏃やナイフ、石刃など何かを象徴する儀式用品が多く、その種類やタイプの豊富さ、質の高さから住居区の出土品との格差は歴然としている。二〇〇〇点以上の鏃の完形品、戦士の表彰として腰につける鏡、貝製の歯が嵌め込まれた顎骨イミテーション、またはヒトや動物の顎骨からなるネックレス（戦勝記念品？）など、戦士に関係する象徴品や装身具、そして自己犠牲用と思われるナイフ、石刃、針が多く出土している。つまり、メソアメリカで一般的であった戦争や、その後におこなわれたと考えられる、国家行事としての生贄儀式にまつわる、稀にみる大複合体が出土した。

埋葬体は一四、一五歳〜四三歳の一八体（または九体×2）からなる男性グループと、それに付き添うかのように八体（または四体×2）の女性グループがセットをなし、ピラミッド軸上に整然と配列されていた。これらの副葬品や埋葬パターンから、成年男子は戦士と同定されている。そのうえ、埋葬体の多くが後ろ手に縛られたかのように、背中で両腕が交差しており、捕虜となった戦士の可能性が高い。様々な地方の出身であったというアイソトープ分析の結果とも符合する。

「羽毛の蛇ピラミッド」の彫刻壁

ピラミッド自体の建築方法も国家権力を示すデータである。埋葬施設はピラミッドを意味づける要素であったことは明白だが、建立以後は完全に埋められ、実際に大衆にその存在がどれほど認識され続けたか、疑問である。それに対し、ピラミッド壁面に刻み込まれた石彫は、ピラミッドを巡礼する大衆に神殿を意味づける最も顕著で恒常的な媒体であった。つまりこの石彫モチーフを読むことによっても、「羽毛の蛇ピラミッド」の意味や機能を解釈することができるであろう。

ピラミッドの図像内容は基本的に、タルーと呼ばれる傾斜壁に「羽毛の蛇神」の横姿が、タブレロと呼ばれる垂直パネル壁に神の巨大石頭と、いまだ図像が解明されていない石頭が、嵌め込まれている。

まず神殿全体のおもなモチーフは、その形状から後古典期（九〇〇年〜一五二一年）によく知られる「羽毛の蛇神」に対応すると考えられる。アステカ神話によると、この神は水の地下界から現世に「時」をもたらした創造神である。その重要な役割を担う「羽毛の蛇神」が貝で表された水の地下界から出現する構図【139頁の下の図】は、「羽毛の蛇ピラミッド」自体が創成神話の水の地下界に通じる聖なる山を象徴していたといえる。これと併置されるもう一方の巨大石彫【137頁の上の図】は、古文書に示された様々な神との類似から、創造神「シパクトリ」をかたどった頭飾り（headdress）と考えられる。この「シパクトリ」は暦の第一日目のシンボルで、「時」、時代（世紀）や現世のはじまりも意味する。これらふたつの神は、メソアメリカに一般的な、暦（時のシンボル）を表すパターンに一致する。この頭飾りとその

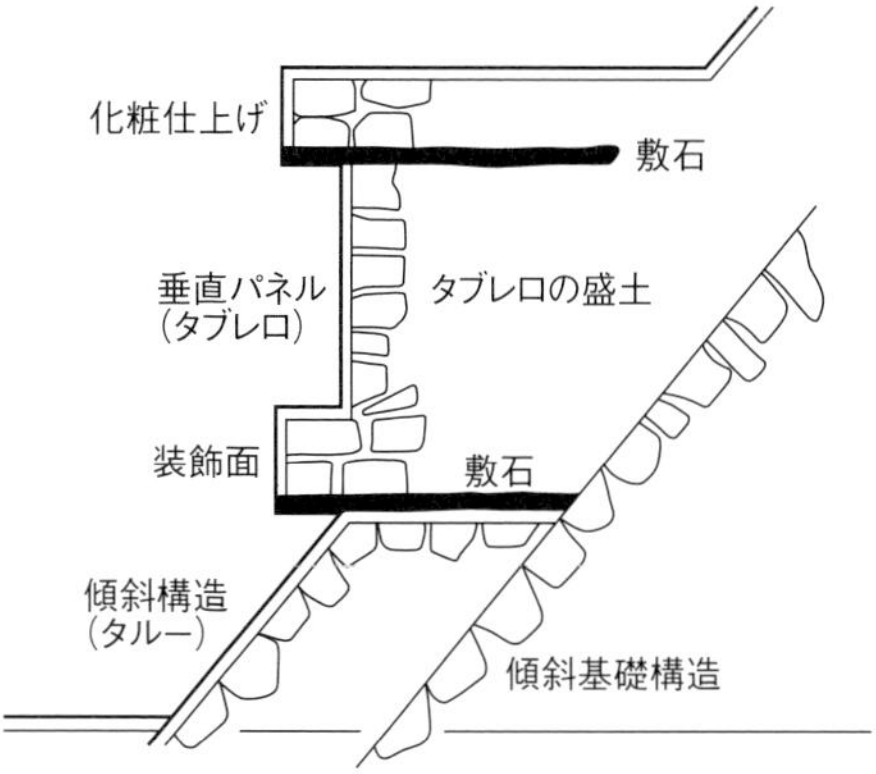

タルーとタブレロ

下に刻まれた鼻飾りが「羽毛の蛇神」の胴体上に置かれている。つまり、現世を創造した神が、暦の大周期、あるいは一時代の開始を祝うために、水の地下界から権力の象徴である「時」のはじまりを表すシンボル（頭飾りと鼻飾り）をもってきた、と解釈できる。これは「羽毛の蛇ピラミッド」をつくらせた王の宗教、世界観の表象であるが、同時に、絶対神が、その時代を治める者（王自身）に暦のシンボルである頭飾りを与えて統治権を授けたことを示す、政治的メッセージとも読み取れる。つまり、彫らせた為政者の権力正当化のたくらみ、戴冠式の図という解釈が最も適切と考えられる。テオティワカンの壁画には、同様の構図で「王冠をもった羽毛の蛇神」がいくつか描かれている。そのピラミッドの土台に埋め込まれた生贄戦士集団は、その神殿ピラミッドに表明された王権に、世界創造神話における戦いの意味を添え、同時に現実の政権を支える軍事力を大衆に誇示していたと思われる。

このように、「羽毛の蛇ピラミッド」は軍事的な色彩を帯びた王権の象徴として、紀元後二〇〇年頃（ミカオトリ〜トラミミロルパ期）に建てられたと解釈できよう。また、この発掘でピラミッドが王墓である可能性も示唆されたが、先スペイン期からすでに始まっていた盗掘により、確認できなかった。この神殿を誰が、何のために建てたのかは定かではない。次章では、この墓の盗掘やピラミッド破壊のデータとともに、テオティワカン後期の社会変容について述べる。「羽毛の蛇ピラミッド」調査は、王の存在を具体的資料で実証できなかったものの、集権的な神聖王権の存在をより顕著な形で示唆し、テオティワカン国家初期から戦争と生贄儀式が重要であったことも物証したといえる。しかし、様々な種類の膨大なデータを積み重ねた上に構築する私たちの解釈も、時として偶然の小さな発見が突然のステップ・アップとなり、新しい視野が広がることがある。次項はそんな考古学のエピソードである。

古代トンネルの発見

ひとつの小さな発見が、「羽毛の蛇ピラミッド」を中心とする三〇年以上の断片的なデータを一気につなごうとしている。テオティワカンについて様々な論争が続く中、二〇〇三年一〇月二日、「城塞」に降った雨がテオティワカン国家像を大きく変えつつある。

その雨が「羽毛の蛇ピラミッド」前庭部の前に開いた小さな穴に吸い込まれていると報告があった。当時、「城塞」調査を担当していたセルヒオ・ゴメス氏は穴を調査し、やがてそれは約一五メートル下に東西に続くトンネルの存在を確認するという大発見につながっていく。トンネル内部は雨が運んだ土砂によりほとんど埋もれていて、それを除く作業から調査は始まった。

このトンネルの存在は、じつはすでに一九八〇年〜一九八二年のメキシコ政府研究所（INAH）による調査で示唆されていた。ルベン・カブレラ氏率いる大プロジェクトで、前述の小穴の一五メートル西にあたる地点で約四メートル四方の穴の入口がみつかっていた。発掘を担当したパトリシア・キンタニージャは約六メートルまで穴の中の盛土を掘り下げたが、地下水が湧き出し、時間も限られたこともあって、さらに深く掘り下げることはできず、発掘を断念した。

当時、穴は古代の井戸と解釈され、埋め戻された。当時、筆者も現場にいたが、もう少し意欲的な発掘をすれば、その後のテオティワカン考古学の解釈がその直後から大きく変わっていただろう。それから三〇年以上がたち、人口が激増したメキシコシティへの水の供給のため、テオティワカン盆地の地下水の水位が下がって、より深く発掘することが容易になった。ゴメス氏は、雨の小穴発見ののち、井戸と思われた穴の土砂を再び掘り出して穴の底部にたどりつき、そこから水平に「羽毛の蛇ピラミッド」下まで続く古代トンネル内を調査した。トンネルの最奥部へ向かうため、土砂を除く発掘を二〇〇九年から本格的に始め、現在すでに一〇〇メートルほどの最奥部まで到達し、現場の調査はほぼ終了している。

内部は、盗掘により攪乱《かくらん》されており、期待した王墓は発見されなかった。しかし盗掘者はトンネル上部の埋め土の中を掘り進んだため、トンネルの床面とその上に置かれていた数万点の奉納品は手つかずの状態で発見された。ゴメス氏の発表論文や無数のメディア情報によると、古代トンネル内部は、前述した「太陽のピラミッド」下の古代トンネルの状況に酷似する。「太陽のピラミッド」同様、一連の石壁で、一度は内部空間がすべて埋められていたという。それらが壊され、中心部は盗掘されていたのだ。よってゴメス氏が可能性として述べているように、筆者もこの古代トンネル最奥部に王墓があったと考えている。盗掘のために王墓の直接証拠が失われていても、前述の様々なデータがそれを強く暗示している。それぞれのデータセットに最も合点のいく仮説を与えるのは王墓が存在したという解釈だ。ヒトと財、そして技術と知識を投入した最も頑強な最大の儀式場「城塞」を国家が建立した。その中心に聖なる王権の象徴を刻み込んだ「羽毛の蛇ピラミッド」を建て、おそらくは、大量の生贄儀礼を通して大衆に聖なる王権を誇示したと思われる。その建立時にピラミッドの内外には、二〇〇体以上の戦士を中心とした集団生贄体を捧げている。それはかつて解釈したように「羽毛の蛇神」への奉納というより、三つのピラミッドを組み込んだ壮大な計画都市を創成した、カリスマティックな王への殉葬ではないだろうか。彼らが埋葬された一七メートル下に、かつて王墓が設置されていたとするなら、従者として各地から集められた戦士集団の殉葬がおこなわれたと考えれば納得がいく。同時に、副葬品はテオティワカンが軍事的色彩の強い国家だったことをうかがわせ、メソアメリカの遠隔地へテオティワカンが軍事的覇権行動を取ったとする近年のデータにも合致する。ゴメス氏の発掘資料の公表が待たれる。

次節では、視点を一挙にズームアウトし、都市全体の計画性と、三つのピラミッドに組み込まれた象徴的意味を探り、古代テオティワカン人が抱いていた世界観に思いを馳せよう。まさに、テオティワカンはコスミック・シティだったと感じ取っていただけるのではないかと思う。

月のピラミッド中段から南をみる

南から。右は「太陽のピラミッド」、奥は「月のピラミッド」

遺跡北側上空から。「死の大通り」を中心軸とし、北端は「月のピラミッド」、東に「太陽のピラミッド」、南に「城塞」と「羽毛の蛇ピラミッド」が配置される。『死者の大通り」を中心軸とし都市空間がデザインされた。それぞれのピラミッドの大きさ、距離も基準を定めて設計されていた

5　計画都市テオティワカンの象徴性

テオティワカンの特徴は、大ピラミッドを組み込んだ都市計画であるが、それぞれの建築群がもつ機能、また何を表していたのか、その象徴的意味はこれほど発掘調査を重ねても読み取れない。これだけの大都市を創設した集団がみえてこないことも歯がゆい。メキシコ中央高原にそしてメソアメリカ全域をみても類似した儀礼センターがないことも疑問の輪を広げ、大都市は突然、出現したかにみえる。

この節では、まず都市の中心部で展開した計画性についての研究を紹介し、三大ピラミッドに盛り込まれた意図を探ってみよう。過去四二年間にわたり、時代ごとの改築、増築の跡や年代を示す正確なデータを得て、ようやく二〇一〇年代になって各ピラミッド間の関連や時代について議論することが可能になり、ピラミッドどうしを結ぶ都市全体の象徴的な意味を、おぼろげながら推察できるようになってきた。

都市住民の生活では、移民や交易、市場、工芸、技術など、住民が主体となった繁栄期の活動、ボトムアップの動きを観察できるが、都市中心部の一貫した建築様式と厳格なまでに均整の取れた都市設計をみると、強力なリーダー集団によるトップダウン式の統率力の存在をみすごすことはできない。では、政治的リーダーシップによりつくられた象徴的な都市計画を、現代のわれわれはどう感知できるだろうか。

世界観を具現化する都市計画

都市の中心軸「死者の大通り」の北端に位置する「月のピラミッド」の頂上から南をみおろすと、壮大な都市景観が広がる。精巧な古代人の創造力を誇示しているかのようだ。幅約五〇メートル以上の大通りの東には、パトラチケ山の山並みと重なるかのように遺跡最大の「太陽のピラミッド」がそびえ、さらにその南には、都市の全住民一〇万人以上を収容できる最大の儀式場「城塞」が横たわっている。誰が、何のために、このようなモニュメントを組み込んだ大宗教センターを建設したのか。この疑問は「月のピラミッド」に登った多くの人の胸によぎることだろう。

筆者も一九七八年にはじめてテオティワカンを訪れ、象徴的なこの都市空間に魅せられたひとりだ。その後、一九八〇年〜一九八二年にＩＮＡＨのテオティワカンプロジェクトに参加し、都市中心部の約八〇％の建造物を１００分の１で平板測量した。すでに一九七三年に出版されたレネ・ミリョンらによる「都市図」が存在し、四〇平方キロメートルをカバーしていたが、航空写真から作成された２０００分の１地形図は、方位や長さの単位研究には不十分であったため、筆

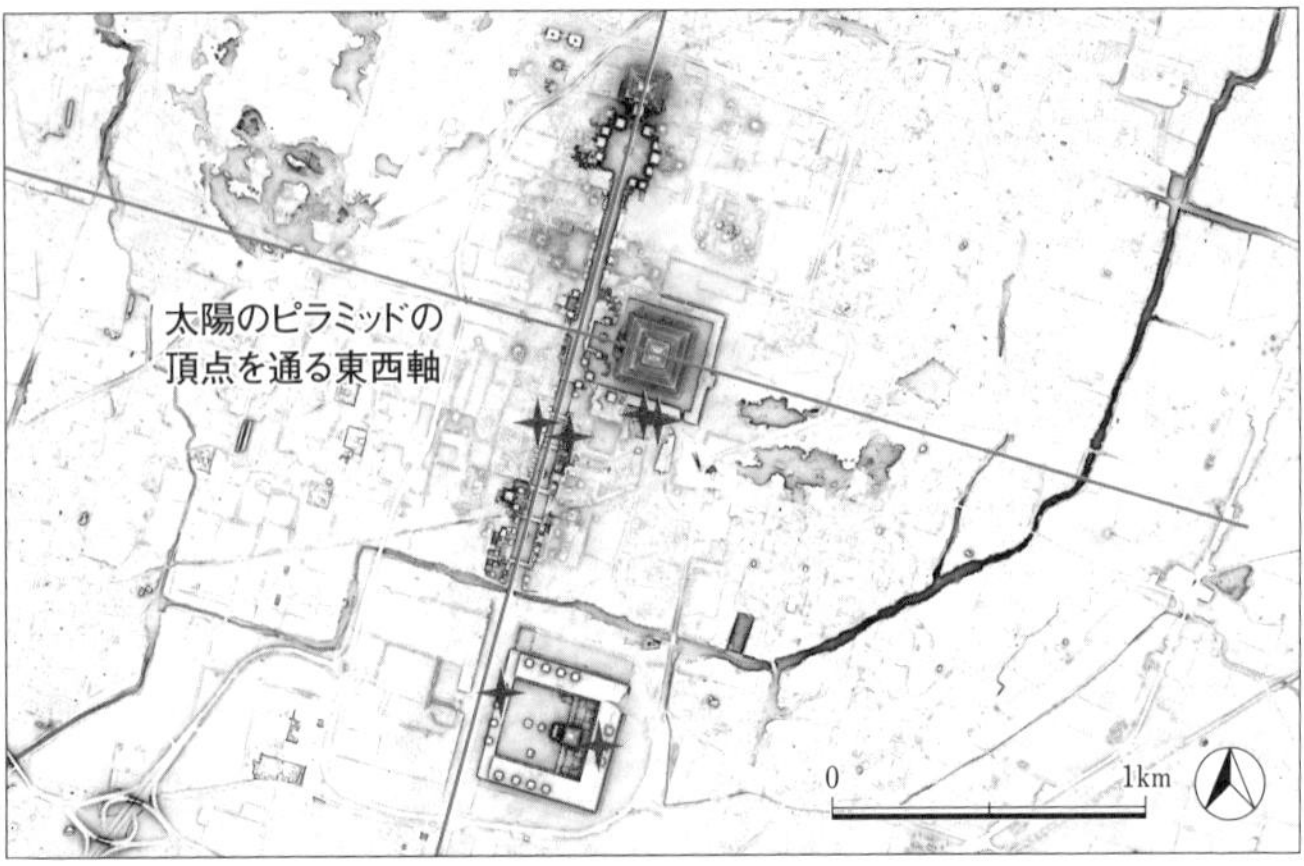

天体観測に用いたベンチマーク（上の図の赤い印）は太陽のピラミッドの南側に集中する。©PMCC3D。下は「太陽のピラミッド」南のプラットフォーム外にあったベンチマーク。ルベン・カブレラ氏の許可により筆者撮影

筆者と国立天文台の共同研究による200年のテオティワカンの天体軌道の復元。上は8月13日正午に「死者の大通り」から北東をのぞむ。下は同日午後6時半に「太陽のピラミッド」から西に沈む太陽をのぞむ。テオティワカンのほぼすべての壁の東西の方位と一致。©PMCC3D。sience NODE 岩城邦典氏の協力により作成

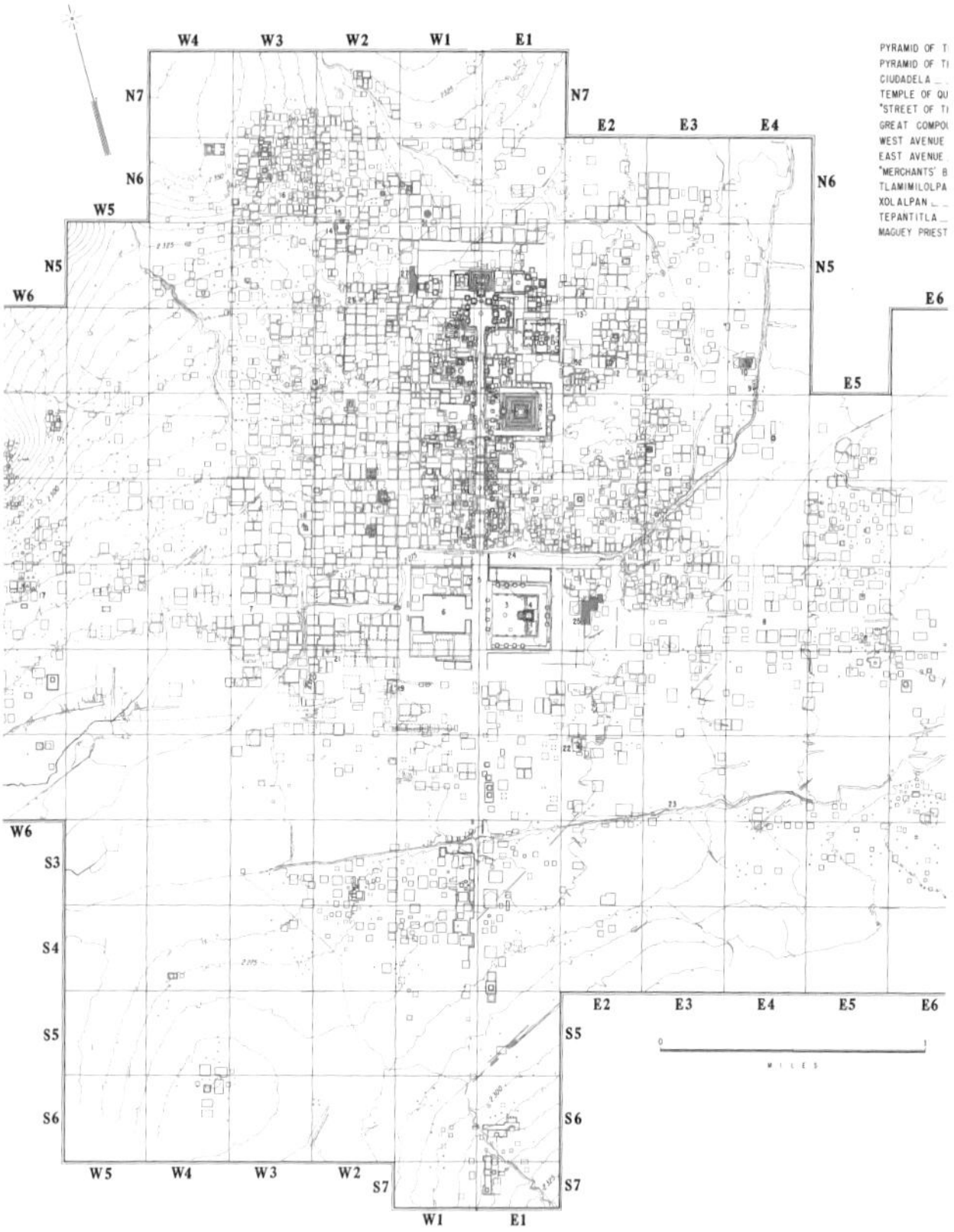

上、レネ・ミリョンらのマッピングプロジェクトによる平面図。©Million 1973。下はドローンに搭載したLiDARによる、「羽毛の蛇ピラミッド」周辺の測量風景。50年前の１/2000の２次元マップから、３次元のデジタル・マップへの飛躍的技術革新により、新課題への挑戦が可能となった。現在、古代人の建築技術や天文考古学の研究をおこなっている

者はまず補完的で詳細な建築図作成を目指した。その後、一九九八年からは、トータルステーションという測量機材による都市中心部の三次元測量を始め、CADマップを作成した。さらに二〇一五年には、テオティワカン盆地中心部の一六五平方キロメートルをカバーするLiDAR図を製作し、現在もその測量範囲を北にそびえるテオティワカン盆地最大の「太い山（セロ・ゴルド）」、さらに南の最高峰「パトラチケ山」に拡大している。それぞれの山頂にもテオティワカン時代の遺構があるからだ。計画都市の象徴性と機能を解明するためには、考古データも組み込んだ正確な3D建築図が必要であり、特に年代測定値は、いつどのように都市が形成されたかを捉えるために必須だ。

ここではこれらのデータをもとにおこなった、建造物の方位・サイズ・位置関係の空間分析、さらに天文考古学や図像学的解釈、また長さの単位研究の成果から、計画都市に組み込まれた意味をできるかぎり読み解こう。現在の結論から述べると、都市中枢部では当時の古代人の世界観を具現し、時空間の広がりを認知する儀礼空間を驚くほど正確に創出していたといえる。三つのピラミッドは当時のメソアメリカの天文学的知識を集結し、複雑な暦の体系を組み込んだ建築だった。同時に、都市の大建築プロジェクトに注がれた膨大なエネルギー、モノ、ヒト、技術、そして天体に関する情報の集中度からみると、ピラミッドはテオティワカン国家の為政者集団の最大限の知性の創出、そして権力表明だったと指摘できる。では、なぜこのような建築が天体と結びついていたのか、古代人の心を探ってみよう。

「太陽のピラミッド」東にあるテパンティトラ壁画。水の楽園トラロカンを描いたもの。上中は中央に水の女神とその両側の水の儀礼をおこなう二人の神官、下部の水の帯上に稲妻の神トラロクを描く(国立人類学博物館の復元図)。下は水の楽園で遊ぶ人びと。図の中央は水の山で、山から流れ出る泉と川が描かれる。太い山からの水で潤う世界を具現化するテオティワカンの都市景観をあらわすか

山から流れる水が都市を潤す

蝶を追う人びと

おぶわれる人

球技をする人

歯の治療？

実をつけるトウモロコシ

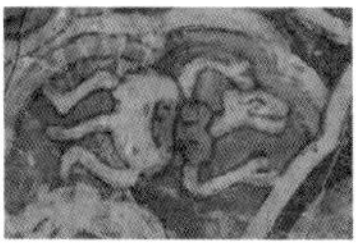

泳ぐ二枚貝

連行される人

涙を流す人

壁画下段の現状（複数枚の写真を貼り合わせたもの）

現代人にとって、天体と地上の日常生活は別物である。しかし古代人にとって天空、特に夜空との関係は、私たちが思うより深遠で絶対的だ。古代人は、満ち欠ける月や、意味ありげな動きをする金星、スバル座、オリオン座、天の川、また流星や日食・月食など、ピラミッドの頂上から毎夜、複雑で規則的に変幻する天空劇を感知し、肉眼観測で最高レベルの天文学を発展させていたと推測できる。何世代にもわたり記録し、はじめてつくることが可能な、複雑な暦法を創造している。夜空は、古代人の広大な三次元空間とはかりしれない過去と未来への「時」のつながりを認知するための絶対的な舞台であり、天体の動き（時間）の規則性と方向性（空間）を計測する装置であった。

メソアメリカの暦

テオティワカンの都市空間について探る前に、その基盤となったと考えられるメソアメリカの暦について概観しよう。メソアメリカの民は、様々な天体の周期とヒトの一生のサイクルを反映した複雑な暦のシステムをつくり、それによる儀式が生活の基盤となっていた。太陽暦である三六五日暦、宗教暦の二六〇日暦と、私たちが日常的に使う西暦のように、ある時点を起点として計算する長期暦などを組み合わせ、時の流れを記録した。太陽暦は、一カ月を二〇日とし、一年一八カ月に、不吉な日とされる五日が足されて三六五日で一周期が完結する。各月には固有の名前があり、0から19までの数字がつく。二六〇日の宗教暦は、1から13までの数字と二〇の固有の名をもった日が、それぞれ同時に進み、数字が13を過ぎると1に戻り、一四番目の日の名前と組み合わされる。このため、二六〇日（13×20）が過ぎるまで、同じ組み合わせの日付は来ない。この宗教暦が二六〇日である理由ついて、人の妊娠期間とほぼ一致していること、またその倍数五二〇日が日食の周期の三倍と一致することなどが挙げられる。

金星はメソアメリカで最も重要な惑星である。五八四日周期で、その五年分は太陽暦の八年分と一致し、特別な意味をもっていた（584×5＝365×8＝2920日）。さらに太陽暦と宗教暦は併用され、さらなる大周期（世紀）を形成していた。太陽暦の月と日、宗教暦の数字と日の名、すべてが再び同じ組み合わせになるには、太陽暦で五二年、宗教暦で七三年が必要である（365×52＝260×73＝18980日）。この大周期は一時代の終結を意味し、ヒトの一生、あるいは女性の閉経期にも相当し、東アジアでの還暦（六〇年）のコンセプトに酷似する。

また、マヤではさらに時間を直線的に捉える長期暦も発明していた。紀元前三一一四年八月一三日を起源とし、そこから歴史的な出来事まで幾日経過したかを二〇進法により記録していた。おそらく暦の記録を始めたころ、さかのぼって神話上の出来事を基準点としたのであろう。この直線的表記法によって西暦との符合が検証され、マヤに関しては歴史的記述の正確な日時の解読が可能になった。これらメソアメリカの暦は、太陽、月、金星、日食、そしてヒトの周期に関係して割り出された宇宙の調和を表しており、その複雑な暦法の作成にあたって算術を発達させ、ゼロの概念もつくり出した。現在のデジタル化を、メソアメリカの民も独自に始めていた。

この複雑な暦法はメソアメリカ文明形成期から徐々に構築されていったと考えられる。文字記録がなかったテオティワカンでは、どのような暦が使われていたか、その探求には難しい課題がある。

都市の方位

近年の発掘調査の成果によると、現在みられる三つの主要ピラミッドとその都市構造は、紀元後二五〇年頃に完成したと考えられる。先にみたように、「月のピラミッド」は七期の建築レベルがあり、その最大の拡大期であった第四期ピラミッド、また「太陽のピラミッド」の二期ある建築レベルのうち第一期、さらに「羽毛の蛇ピラミッド」も二期ある建築レベルのうち第一期が二〇〇年～二五〇年に建立したと^{14}Cデータは示している。建築に要した年数は、関わった労働者の数によるので、三つのピラミッドがまったく同時進行で建設されたかどうかはわからないが、少なくとも各ピラミッドの建築プロジェクトは、お互いを認識していたといえる。これら三大初期ピラミッドが、「死者の大通り」とともに都市の基本構造としてつくられ、その後、何回も増築や改築があっても、紀元後六世紀の都市崩壊まで中心軸として機能していた。

このピラミッド建築群の創設から崩壊までの三〇〇年間以上、都市の南北と東西の方位は基本的に変わっていない。ほとんどすべての南北の壁は北辰の東一五度三〇分を向き、多くの東西の壁は真西から北へ一六度三〇分に設計されていた。つまり南北軸と東西軸は九〇度で交わらず、八九度と九一度をなしていた。これは化粧漆喰の残るすべてのオリジナル壁面三〇例から得た正確な値であり、数キロ離れても平行であることから、おそらく天体を使い方向を定めたと思われる。

南北軸は、都市の中心軸「死者の大通り」が「月のピラミッド」頂上を通り、背後にある盆地最大の「太い山」の頂上と一致する方位が基準となり、他の南北壁はすべてこの方位と平行に設計されたと考えられる。一方、すべての東西壁は四月三〇日と八月一三日に太陽の日没の方位(もしくは一一月一日と二月一二日の日の出の方位)と一致するように設定されたと考えられている。この日付はおよそ一年の雨季と乾季のはじまりの日付、一年を一〇五日と二六〇日に分ける日に対応する。また八月一三日は、マヤの神話においてこの世界が始まったとする伝説の日付、三一一四年八月一三日と一致する。マヤ長期暦では、ちょうど西暦のように、この伝説の日付から経過した日数を絶対年代として様々な歴史的事変を書き残している。つまり八月一三日という日付は、テオティワカンでのモニュメントが確立する紀元後二世紀には、マヤで石碑の歴史記載に世界創成の元始日として使われ始めている。一方、テオティワカンでは都市の方向軸の研究から、同時期の二〇〇年頃には、単に八月一三日という日付のみならず、その日の天体を都市形成の東西軸に組み込んでいた可能性が浮かんでくる。直線距離にして千キロメートル以上あるテオティワカンとマヤの都市間で、それぞれ国家形成への早期から、天文学的知識と天体に関わる神話が共有されていたこと、つまり直接的なコンタクトがあったことを示唆している。

遺跡に残る天体観測に使われたと思われる「ベンチマーク」も重要なデータを提供する。一般的にはふたつの同心円、もしくは四角形の中心に十字を点群で表し、その十字の方向が都市の軸と一致するケースが多い。様々な形状が報告されており、構成する点群の数が暦の数値と一致するケースも多く、明らかに暦の作成に関係すると思われる。さらに都市内の住居や広場の床面、また「太い山」の頂上近く、また「太陽のピラミッド」の正面（西）方向にある「セロ・コロラド」の丘陵地帯の岩肌にも刻まれている。それらを結んだ線が都市軸や特定の日の天体の日の出、日没の方向と一致しているケースが多く、ベンチマークと呼ばれるゆえんである。さらにテオティワカンと関連が指摘される遠隔地でも発見されており、北はメソアメリカ文明圏の北限でもあるドゥランゴ州アルタ・ビスタ遺跡など、北回帰線地域まで広がっている。あたかもテオティワカン天体観測隊が、太陽が天頂を通過する北限を探し求めて、天体観測点で「ベンチマーク」を残したかのようだ。南はマヤのワシャクトゥンなど、テオティワカン文化圏の南方への広がりとも一致する。これらにみるように、テオティワカンが「ベンチマーク」の発祥地であったことは明らかだが、この天文観察、暦表記法は都市内のどこで、どのように創作されたのだろうか。

思いがけない新発見は、考古天文学の分野でも大きな貢献をする。近年、多くの「ベンチマーク」が「太陽のピラミッド」複合体の南プラットフォーム外壁付近で集中的に発見された【152頁の図】。まさに古代天文研究センターか暦法の教習所かと思わせる。さらにその南東近辺には、天体観測に使われたと思われる古代洞窟が発見されている。前述したように、考古データの再解釈は、当時最大級のモニュメント「太陽のピラミッド」がまさに「太陽」を象徴していたのではないかと指摘している。「ベンチマーク」のデータは、象徴としてだけでなく、「太陽のピラミッド」は天体と暦法の計測に実質的に関わっていたといえる。さらに、この「ベンチマーク」は方位だけでなく、長さの単位研究が示すように、モニュメントの大きさや位置関係を決める計測点としても機能していたと思われる。

長さの単位

テオティワカンで使われていた長さの単位の研究は、レネ・ミリョンが率いたマッピング・プロジェクトの平面図、前述の筆者らの作成した2D、3D図を基盤とし、さらに年代を示す考古資料も吟味しておこなっている。本書では、この研究で判明した都市構築の概略を述べる。

ヒトは進化の過程で生活空間の拡大とともに、自然や天体、空間の広がりに関心を抱き、太陽、月、星空に関わる寓話をつくりだした。過去・現在・未来という時間軸を意識し始め、神話や歴史を創作した。そして、いつからか時間と空間を計測し、数値化を始めている。現代社会の基層をなすデジタル化のはじまりだ。

時間の計測は、前述の天体や自然の周期を反映した暦のはじまりでもある。多くの文明圏で、四季や雨季・乾季、動植物やヒトの生死のサイクルも暦の基準としている。空間の計測は、自らの体の一部を単位として測り始めている社会が多い。かつてイギリスで王の足のサイズを基準とした「フィート」がよい例だ。メソアメリカでも人の身長（両手を広げた全幅とほぼ同じ）、もし

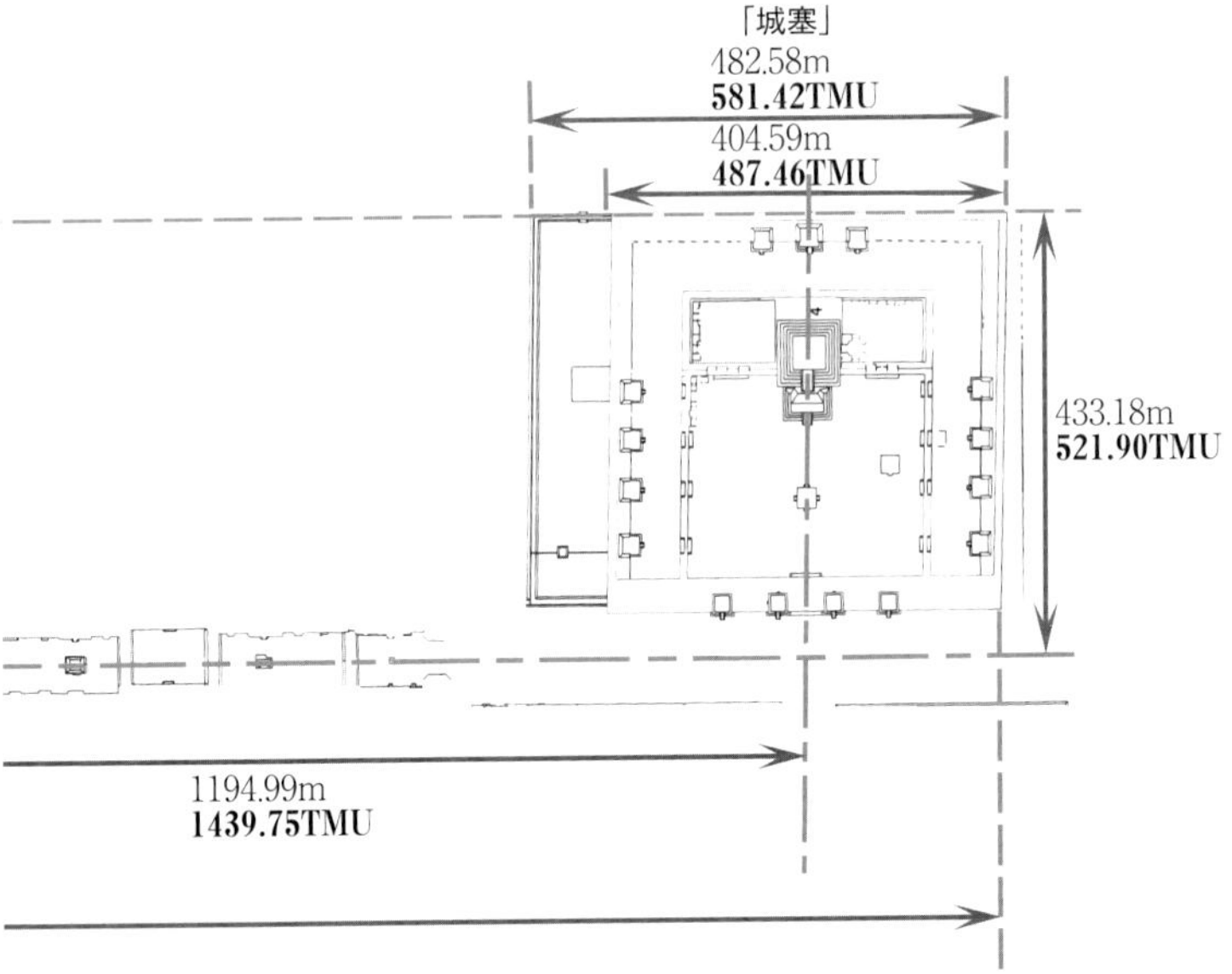

くはその半分（指先から心臓までの距離、またほぼ大人の一歩の幅）などが使われ、体の部分を表す言葉が長さの単位になっていたと、一六世紀にアステカ王国を征服したスペイン人が記述している。しかし、スペインの寸法の単位が征服直後から導入されたため、先住民の正確な寸度法や長さの単位はわからず、考古学データに頼らざるをえない。

もちろん建造物の寸法がわかっても、どのように計測したのかはわからない。しかし正確な方位の測定にもとづき均整の取れたテオティワカンのピラミッド建造物の設計には、一定の長さの単位の存在が必須だったという仮説が検証できそうだ。さらにテオティワカンでは、「羽毛の蛇ピラミッド」の正面壁

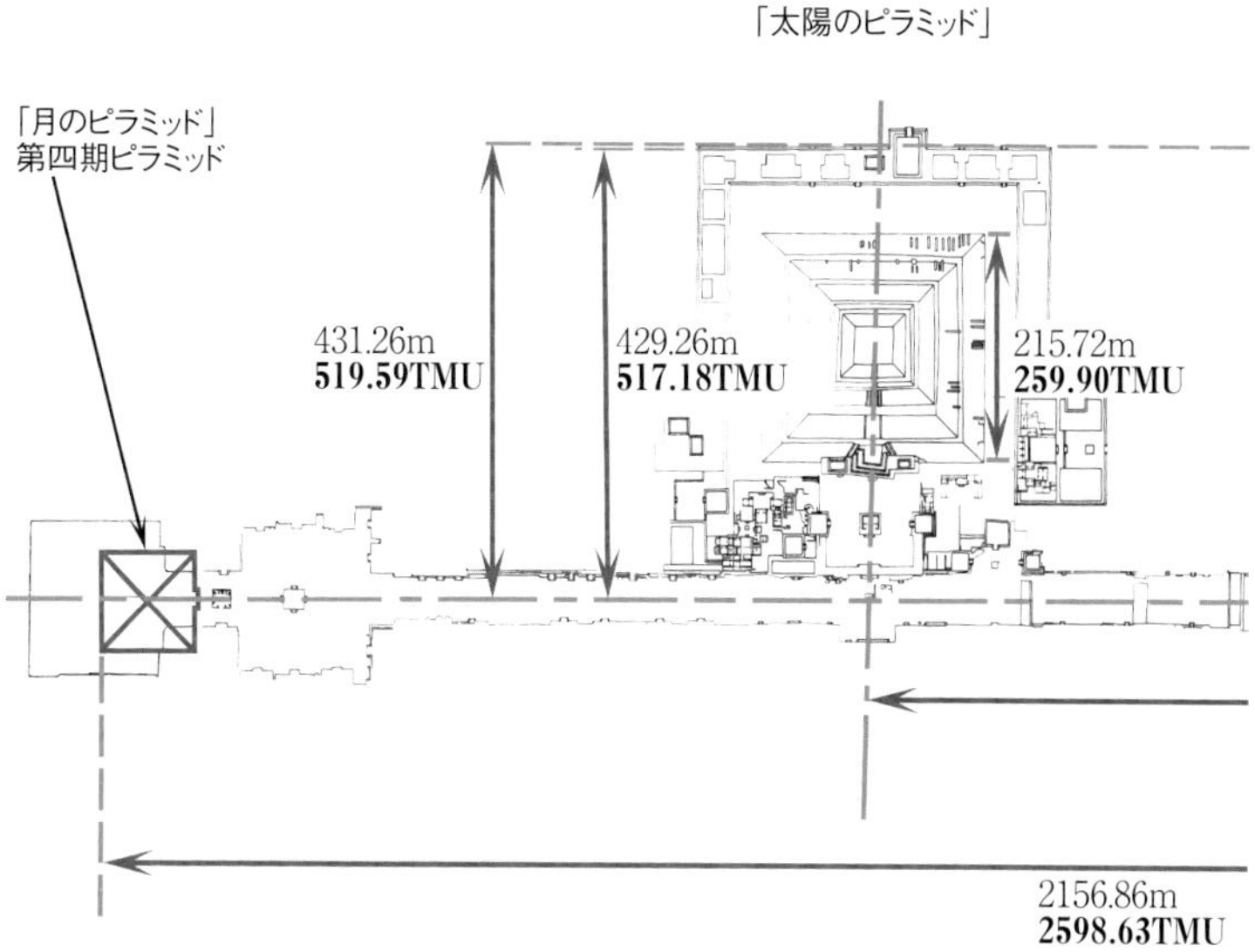

三大ピラミッドの建築基準

に嵌め込まれた等間隔の石彫のように、繰り返された特定の長さが確認できた。

そこで初期のピラミッドを中心に検証した結果、八三・〇センチメートルが標準ユニットであると想定するに至った。単位をＴＭＵ（Teotihuacan Measurement Unit）と名づけ、以下、建造物の長さをメートル法とＴＭＵで併記する。ほかの中心的なモニュメントにあてはめた結果、偶然とは考えられないほど多く、天文や暦に関わる数値が重要な建造物の基準に利用されている。さらに驚くべきことに、それらの数値の組み合わせが、メソアメリカの世界観に適合し、データをあてはめるごとにポップアップする聖数として出現した。偶然とするにはあまりに多い、意味ある数値の例証数である。本書では、それぞれのピラミッドにおける複雑な検証プロセスを述べるスペースはないが、それらの成果から都市全体のマスタープランがどのように計測されてつくられたかについて概略を述べる。

マスタープラン

ＴＭＵ研究により検証された数値を基に、テオティワカン人が都市建設の初期、どのようにマスタープランの墨引きをしたのか、推察してみよう。^{14}C年代資料と発掘データを総合すると、紀元後二〇〇年頃に三つのモニュメントが南北中心軸に沿って設計されたと想定できる。

マスタープランで骨格となった基準線は、以下の三つの軸である。

（1）「死者の大通り」と「月のピラミッド」の中心を南北に縦断する中心軸。マッピング・プロジェクトが「死者の大通り」の東西に均衡に配置された建造物をベースに引いた想像上の都市軸であり、筆者らも最新のLiDARマップや「月の広場」「月のピラミッド」発掘資料で検証し、古代人が設定した軸に非常に近いと考えている。

（2）「太陽のピラミッド」の東西中心軸。

（3）「城塞」と「羽毛の蛇ピラミッド」の東西中心軸。

（2）と（3）は前述のように、（1）の南北軸と九〇度をなしておらず、それぞれの計測する区域で建造物の中心点や階段幅の中点などを結んだ各ユニットの軸である。

想定したマスタープランがつくられた紀元後二〇〇年頃の三つのピラミッドのサイズ、つまり「月のピラミッド」第四期ピラミッド、「太陽のピラミッド」第一期ピラミッド、「城塞」「羽毛の蛇ピラミッド」第一期ピラミッドのサイズを、TMU（八三・〇センチメートル）を使って表示すると、以下のごとくとなった。これはメソアメリカの世界観の基底となる数値に合致する。「太陽のピラミッド」のサイズは宗教暦の一年、二六〇ロ（二五九・三TMU＝二一五・二メートル）に近く、「月のピラミッド」第四期ピラミッドのサイズは一〇七TMU（＝八八・八メートル）となる。合計すると三六七TMU（三二〇メートル）となり、一年の日数とほぼ一致する。さらに同時期の未発掘の大広場や大儀式場のサイズも、レネ・ミリョンらの復元想像図によると、二六〇TMU（もしくは「太陽のピラミッド」のオリジナルのサイズ）に合致する。二六〇TMUは、大きな長さの基本ユニットとして繰り返し使われた可能性が大きい。さらに当時の中心地区の南北の全幅（「月のピラミッド」第四期ピラミッドの北壁から「城塞」の南壁までの距離）は、約二六〇〇TMU（二一五六・九メートル）もしくは「太陽のピラミッド」一辺のちょうど一〇倍であり、意図的だとわかる。この数値は「月のピラミッド」を発掘してはじめてわかったもので、正確である。その後の増築改築は複雑だが、紀元後二〇〇年頃につくられたマスタープランは、明らかに天体の周期と暦を具現化しているといえる。

二六〇TMUの倍数、五二〇TMUも、多くのモニュメントのサイズに使われているようだ。都市の南北中心軸と、「太陽のピラミッド」複合体の東境界線（東プラットフォームの東壁）との距離、そして同じ中心軸と「城塞」東壁は明らかに同じサイズにつくられている。その距離は正確に「太陽のピラミッド」の二倍を意図したものとなっている。この二六〇TMUをユニットとしたマスタープランの存在は、同じ中心軸と「太陽のピラミッド北の広場」の東端との距離も二六〇TMUであることからも傍証される。

ちなみに五二〇日は、日食の周期一七三・七日の三倍に近く、テオティワカン人が天文に関わる数値として意識していたと思われる。「月のピラミッド」第七期の東西の全長が一七三・七TMU（一四四・一メートル）であり、第六期は一七三・三TMU（一四四・八メートル）である。つまり、最盛期である第六期、第七期の「月のピラミッド」は、日食の周期を体現していたといえる。同様の数値は、「月の広場」の対称に配置された基壇の距離でも繰り返し検出され、意図的な数値だ。

「太陽のピラミッド」と「羽毛の蛇ピラミッド」間の距離も、計測した数値をTMUにあてはめてみたら、心躍る結果が出た。出てきた数値は、メソアメリカで重要な大周期のひとつ、太陽暦と金星の周期が一致する八年（太陽暦で）を示唆している。メソアメリカで重要な大周期は、二六〇日の宗教暦と三六五日の太陽暦が合致する（太陽暦で）五二年周期があり、テオティワカン都市計画でも反映されているが、太陽暦の八年、もしくは金星の周期（五八四日）の五年が一致する大周期もきわめて重要であった（３６５×８＝５８４×５）。後古典期の古文書などによると、太陽を牽引するかにみえる金星が、社会を牽引する王権のシンボルとして、その周期も観察されていた。しかし、メソアメリカの民の計算では、一年は二〇日の月が一八カ月と計算され、五日は余った日であるため、20×18×8年と計算されたのであろう。つまり両モニュメント間の往復の距離が金星の五周期、太陽暦で八年と一致する。

ここでは紙幅の関係から各モニュメントの検証は省き、都市の中心建築群が、明らかに最も重要な天体の動きと暦の大周期を反映していると記すに留めておく。

しかし、まずＴＭＵをテオティワカンのモニュメントにあてはめて検出された暦の数の正確さとその多さには驚かされた。さらにその摂理を探るにつれ、当時の天文学的知識と、自然界の動きを反映した世界観を計画都市に盛り込んだ意欲と、凝縮された知力、そして文字通りのコスミック・シティの壮大さに触れ、古代人の業績に感銘を受けるばかりである。

三章

新テオティワカン像と文明再考

1　権力の所在

前章までピラミッドの考古学データから、テオティワカンが創設された時代を中心に、歴史的なできごとの復元を試みてきた。筆者は、権力者集団の基層となる宗教的世界観を探求し、古代都市をつくり上げた統率者集団を描き出すことを主眼に置いてきた。都市の起源、都市とは何か、また階層社会がいかにして形成されたかなどを課題としている。多機能なモニュメントとしてのピラミッドが、それらの解明のカギを握っている。

メソアメリカの多くのモニュメントがそうであるように、テオティワカンのピラミッドも単に神殿の基壇ではない。地下界から天上界へと通じる縦軸をなし、特に生命の源である地下界への出入口と考えられた。ヒトは、地下界で神々の犠牲により地上に生まれ出て、死ぬとまた地下界に戻ると信じられていた。その地下界の入口であるピラミッドは、生死に関わる儀礼の場であり、特に重要な人が埋葬されるのに最もふさわしい場所であったと考えられる。

文化財保存の責務から、都市考古学では遺跡早期のデータ入手は難しく、テオティワカンでもピラミッド建築以前については断片的なデータしかない。ピラミッドは突然建設されたかにみえるが、三つのピラミッドのそれぞれ内部の盛土からそれ以前の建造物の痕跡が認められ、規模は不明であるが、街づくりは大ピラミッド建設の一〇〇年以上前から始まっていたとわかっている。将来の課題である都市の起源の探求は、さらに少ない断片的データの解析から、モデル提唱、実証的研究へと進まなければならない。一方で、近年の調査によって、紀元後二〇〇年頃には計画都市が確立したといえ、それらを創成した王権についての議論が可能となってきたばかりだ。一九八〇年代以前は、テオティワカン考古学の権威レネ・ミリョンは強力な王権を提唱するものの、それは推測の域を出なかった。現在、単独の王権があったとするより、共和的な連合政権の存在を提唱する研究者もいるが、本書が提示した新資料と適合する解釈を吟味し、従来の説明モデルを再考すべき時である。

テオティワカンの場合、都市の中に複数のピラミッドがあり、それぞれの意味と機能が異なっていた。また時の経過とともにそれらが変容した可能性もある。都市の中心にある「太陽のピラミッド」下の古代トンネル、そして王権のシンボルである「羽毛の蛇ピラミッド」下の古代トンネルは、それらがつくられた時、高貴な人物を安置するよう準備された王墓であったと考える蓋然性が最も高い。しかし数世代を経るうちに、様々なことがトンネル内外で起きたと十分に予想される。都市崩壊後も、いったんつくられた巨大なピラミッドは、その後、一八〇〇年を経た現代まで、意味と機能が変容し続けた。まずはそれぞれのモニュメントごとに、通史的に「権力」を念頭に変化をたどってみよう。テオティワカンの場合、今までみてきたピラミッド建築の変遷とそれに付随する埋納墓、奉納施設が、具体的なデータと新視点を与えている。

まず「月のピラミッド」内で発見された第一期基壇の存在は、のちに都市の中心軸となった地点が、すでに都市形成の初期から神殿建築の場として始まっていたことを示す。これは国家権力が宗教的イデオロギーを基盤として儀礼により創成されたと暗示する。第一期から第三期までの基壇は徐々に拡張したが、第四期基壇は飛躍的に拡張した。これは建設に携わる政治組織が本格的に拡大したことを示している。またこの時期に相当する埋葬墓2と埋葬墓6の奉納儀礼は融和し、拡張する国家を支える支配者の思想を如実に表している。最強の動物を含めた自然界の掟《おきて》を凝縮したドラマであり、権力の具現化とも読み取れる。一方、ピラミッドの根本的な構造と建築様式の変化は第五期基壇からで、これは宗教的イデオロギーの抜本的な変化の表れだろうか。この創設時にはなかった前庭部（アドサダ）をピラミッド本体の正面に連ねる建築様式の採用が「羽毛の蛇ピラミッド」「太陽のピラミッド」でもみられる。後二者との建築時期の差が数十年程度あるとしても、この変革期に現れた現象であり、なぜ起きたのか、今後さらに掘り下げたい。

さらなる飛躍的増築となる第六期基壇の建立、またその後の拡張建替えである第七期基壇の「月のピラミッド」においてテオティワカンは最盛期を迎え、メソアメリカの遠隔地にまで影響を与えた強大な国家権力を確立していた。三人のマヤ王族の神官かと思われる遺骨が出土した埋葬墓5の設置は第六期ピラミッドの建造のはじまりにあたり、第六期ピラミッドによって第五期ピラミッドは封鎖された。直接、マヤ・センターと交流したか、もしくは抗争があったかを示唆しており、近年筆者が調査している「石柱の広場」での発掘成果に呼応する。メソアメリカ古典期の外交史に加わる重要な事件にまつわるデータである。「月のピラミッド」の周辺地区でのたびかさなる改築の跡は、確立された神聖都市国家がピラミッドを中心として継続し、都市崩壊時まで機能していたことをうかがわせる。

「太陽のピラミッド」では、ピラミッド下につくられた古代トンネルが、強大な王権の存在を暗示する。今までみてきたように、三大ピラミッドと「死者の大通り」を軸とした計画都市をつくり上げた強力なリーダー（リーダーたち）は、おそらく都市の中心となるモニュメント、聖なる山の地下界への道として古代トンネルを掘り進めたと考えられる。そこに時の権力者自身も埋葬されるように設計したのだろう。トンネルがつくられた年代は正確にはわからず、明らかに「太陽のピラミッド」本体と古代トンネルは関係づけられるものの、トンネルの最奥部はピラミッドの中心と一致せず、つくられた時代が少しずれている可能性もある。さらに「羽毛の蛇ピラミッド」下のトンネルとの関係の解明も今後の課題である。ともあれ、間違いなく、ピラミッド下の古代トンネルは王権の主体者の存在が最もうかがえる空間である。まず、「太陽のピラミッド」本体だけがつくられたが、すぐに前庭部が正面につけられ、その後、何回も増築、改築された痕跡が前庭部の内外でみられる。その改築の痕跡のひとつにジャガー頭部の石彫が前庭部の壁に嵌め込まれていることが挙げられる。「羽毛の蛇ピラミッド」のように、前庭部は一時「ジャガーのピラミッド」の様相を呈していた。その後の崩壊のありさまを示す資料は得られていない。石彫は引き抜かれ、ピラミッド周辺は盗掘も多かったと想像させる。一方で「城塞」での考古資料は興味深いエピソードを提示している。

2 王権の変容

「羽毛の蛇ピラミッド」での発掘調査は、王権に直接関わる重要な資料を提供したが、もうひとつ、不可解なデータがあり、大きな歴史的課題を投げかけている。四〇〇年以上続いたテオティワカン国家の変容、権力の分散化、あるいは崩壊に導いた何かが起こったのかもしれない。

まず、王権の象徴として建立された「羽毛の蛇ピラミッド」正面は、三五〇年頃に新しく建てられた前庭部によって覆い隠されたことがわかった。さらにピラミッド本体の両側面（北、南面）と裏（東）面を飾っていた二つの神の石彫は、意図的に削り取られ、そのひとつの切断面は赤く塗られていた。同じ時期に、ピラミッド南東角から北東に向けてピラミッド内部に盗掘用と思われるトンネルが掘られ、盗掘トンネルの入口は完全に塞がれていたことがわかった。

筆者らが南北中心軸に沿って調査用のトンネルを南側から掘った時、突然、ピラミッド中心付近で大きな空洞に出くわし、これはいよいよ王墓か、と興奮したものだった。しかし、その後の内部調査により、二つの集団埋葬墓が攪乱されていることがわかり、空洞は古代に掘られた盗掘用トンネルであったと結論づけた。真っ暗なトンネル内で焚かれた篝火《かがりび》と考えられる木片の年代測定値によって、盗掘用トンネルが三五〇年～五〇〇年頃に掘られたと判明し、さらに驚いた。つまり、テオティワカンの繁栄絶頂期に、王権のシンボルである「羽毛の蛇神」の像は、正面では前庭部によって覆われ、他の三方では意図的に削り取られた上、さらにピラミッド内部は盗掘されたのだ。この盗掘で中心近くに埋め込まれていた戦士集団墓が荒らされ、さらに盗掘用トンネルがピラミッド内の北東部で掘られ続けたと示している。しかし、それが最後の崩壊エピソードではなく、「羽毛の蛇ピラミッド」両脇の「宮殿」施設は、三五〇年頃に全面的な改築がおこなわれ、ピラミッドも六世紀まで使われ続けたことを示している。これにはどんな解釈が妥当だろうか。

あたかも「羽毛の蛇神」の権力の喪失か、内紛などの政治異変が起こったか、王権の象徴が冒《ぼう》瀆《とく》を受けているようにみえる。そうとすれば、ただごとではない。あるいは単なる暦に関わる儀礼の一環か。概念的な変容の可能性も拭い切れない。一方、「羽毛の蛇神」の図像は、三五〇年以降もテオティワカンの内外で、さらにテオティワカン崩壊後も王権のシンボルとして使われ続けている。そのことからすれば、おそらく二〇〇年から三五〇年まで、「城塞」を拠点とした権力者集団に起きたこの地区に特化した歴史的事件を反映していると考えられる。それが都市全体、またメソアメリカの他地域との関係にも関わっていたかを明かすには、新しい資料と再検討が必要である。

テオティワカンはその後も、そのモニュメント性のゆえか、一四世紀～一六世紀以後のアステカ時代まで積極的な介入、盗掘や再利用の跡がみられる。「太陽のピラミッド」周辺でも、アステカ時代につくられた建物が出土し、盗掘された遺構からも、アステカ土器が拾える。一方で、アステカ王国の首都テノチティトランの聖域では、テオティワカンで盗掘され、もち去られた仮面や土器が、最終的にアステカ大神殿に奉納埋葬されている。さらに、テオティワカン建築を真似た祠《ほこら》を建て（「赤い神殿」）、テオティワカン様式の模倣壁画で飾っている。アステカ人（メシーカ族）も、「過去」という概念に関心を抱き、テオティワカンや、おそらくトゥーラやオルメカの遺跡も発掘した。彼らは「考古学者」であり、さらに古代モニュメントの復元建造物を展示する博物学の専門家もいたのでは、としばしば調査団の中では冗談半分に話す。すでにアステカ人も、私たちが過去の文化遺産に抱くような関心をもち、一〇〇〇年近い過去の痕跡を探求していたのであろう。古文書にも、アステカ王が定期的にテオティワカンを訪れていたと記している。アステノチティトランとテオティワカンは、テスココ湖からボートを使えば半日の距離である。アステカ大神殿近くのホテルの高層階から確認したことがあるが、当時四五メートルほどあったアステカ大神殿の頂上から、テオティワカン盆地の聖なる「太い山」をアステカの王たちは常にみることができた。自身のメシーカ族の先祖崇拝の対象としてテオティワカンを自らと結びつけ、頻繁にテオティワカンを訪れ、王権正当化の儀礼をおこなっていたと推測される。

3　ヒトの時空間認知と進化

人類史のある時から地球上のあちこちで、衣食住に直接関わらないモニュメント建築が生まれている。建築上の特徴から、おそらく古代人の世界観を表すものと考えられ、特定の天体が関わったモニュメント建築も報告されている。旧大陸では、今から一万一千年前につくられたトルコのギョベクリ・テペ、またイギリスのストーンヘンジなどがあり、古代人の天体への関心はすでに狩猟採集民に芽生えていたと示唆している。古代メソアメリカの民も、文明形成の早い時期から肉眼観測で最高レベルの天文学を発展させている。その痕跡はマヤ遺跡などで広く認められ、少なくとも先古典期中期（紀元前一二〇〇年～前四〇〇年）以前にさかのぼる可能性が高い。

近年の天文考古学研究は、マヤのモニュメント建築が夏至・冬至、春分・秋分の日、太陽が天頂を通過する日、メソアメリカで重要な二六〇日の宗教暦に関わる日、あるいは金星など重要な星を観測する機能を備えていたという。メソアメリカ社会のリーダー集団は、正確な天体運行の記録と暦の創作に意欲を燃やし、時間と空間を計測するシステムを開発している。マヤのモニュメントやテオティワカンのピラミッド、さらにアステカの大神殿が、天体の運行と世界観を具現化する形状や方位をもち、そこでおこなわれる生贄を伴う儀式を通して大衆は天の規則性や自然力を認知し、崇拝して、畏れを抱いたと思われる。つまり天体の運行を把握し、雨季のはじまりなどを正確に予測する、説得力のある為政者が統率力を育み、世襲制の王権確立への軌跡を残していったと考えられる。前章でみたように、テオティワカンの都市計画にみられる天体を具現化しようとする意欲は、異常なほど純粋な探求心に満ちたものだったと筆者には感じられる。

私たちは磁石や北極星によって北の方位を割り出す方法を知っているが、この知識を古代テオティワカン人はもち合わせていなかった。天体を観察して方位方角を決定していた。夏至には太陽が最も北から出て、最も北に沈む。冬至には最も南から出て、最も南に沈む。この夏至と冬至の日の出・日の入りの四地点が最も重要視され、計測されたであろう。夏至の頃は強い雨季に、冬至の頃は乾季に対応する。この自然界のサイクルから、北にある「月のピラミッド」が雨、雨季、大地、豊穣を象徴し、南にある「太陽のピラミッド」が熱、渇き、火など太陽を象徴していたと考えられる。この太陽の天上界における動きが、地上界の生命を左右するため、天界の基本方位となったと考えられる。また、太陽が天頂を通る日も重要であった。天頂からの太陽光を記録する人工の垂直な小トンネルや洞窟が、天体観測所として、いくつかの遺跡で確認されている。

また、テオティワカンの東西軸は、マヤと共有された世界創造神話に基づいており、八月一三日と四月三〇日を基準にした可能性が高い。なぜか理由はわからないが、マヤでは紀元前三一一四年八月一三日が世界のはじまりと考えられている。テオティワカンの建物の方向はその日付の太陽の運行に合致し、都市のほとんどすべての東西の壁は、その創成神話の日に太陽が沈む方向に正確に一致している。天文学が飛躍的に進んだ今日でさえ、私たちの運命は天体の運行、天命に従う日々である。まだ天動説に生きていたとしても、テオティワカンの統率者集団は、高度な科学力をもって地上の天体観測をおこない、それにより方位を定め、天命を待ったと考えられる。

都市創設の早期から、社会を天体と結びつけた集団のリーダーは、さらに宗教力、政治力、経済力、そして軍事力を構築し、社会活動、抗争を経て、血縁関係を超えたさらに大きな政治機構、国家を築いたと考えられる。テオティワカンの場合、一〇万人規模の階層社会を従えるトップリーダーは、地下界から生まれて死後に再び地下界へ還るというメソアメリカの輪廻《りんね》思想を反映し、宇宙を具現化したモニュメントを建立して、王権をそのサイクルの中に位置づけたと考えられる。ピラミッド内部の発掘調査によって、王権のシンボル、王の墓がピラミッドの中心部、もしくはピラミッド下の古代トンネル内に据えられていたと示された。テオティワカンは、宇宙観を反映したコスミック・シティだったからこそ、ピラミッドの中心に王墓が準備されたと推論できる。

本書で探求したように、このような象徴的な人工景観の大規模な構築は、世界の古代都市創設にみられるものと共通し、ヒトの進化史の一ステージをなしていたといえる。テオティワカンはその中でも特異な最大規模のもので、メソアメリカの叡智《えいち》を集めて建立された例ではないだろうか。

4　戦争と王権

このように筆者が関わった四〇年以上にわたるテオティワカンの三大ピラミッド内部調査から、古代社会について様々なことが明らかになった。まず、テオティワカンでは、生贄墓がピラミッドを意味づける重要な要素であり、以前考えられていたより頻繁に生贄がおこなわれていたことが実証されつつある。ピラミッドとそれを意味づける生贄儀礼との関係は、「羽毛の蛇ピラミッド」における二〇〇体以上の戦士の生贄集団埋葬と、「月のピラミッド」内で発見された五基の埋葬墓の生贄三七体、そして一〇〇体以上の獰猛な動物の異様な生贄埋葬によって顕著に示されている。そして埋葬様式、含まれた生贄、副葬品はそれぞれのピラミッドによって大きく違うが、これはピラミッド自体のもつ意味、また政治的意義の違いによるものと考えられる。

一連のピラミッド調査による最も大きな成果は、それらの埋葬墓に含まれていた戦争を暗示するシンボルの発見である。「太陽のピラミッド」の四隅と内部でみつかった子供の埋葬体を除き、ほかのすべての埋葬に戦士のもち物や装飾品、または軍事的表象としての副葬品があった。きわめて宗教的であるものの、副葬品は大規模な軍事機構の存在を明らかにしている。ＤＮＡ分析によると、生贄とされた戦士は敵の捕虜であった可能性が高い。「羽毛の蛇ピラミッド」と「月のピラミッド」建立に際して捧げられた副葬品は、テオティワカンで過去一世紀間に発掘された一二〇〇体以上の埋葬墓の中でも質量ともにきわだっており、ピラミッド建設に携わる為政者のただならぬ軍事力への関与がうかがい知れる。中でも権力の象徴と考えられるヒスイなどの緑石製のペンダント・鼻飾り（特異なタイプ）・耳飾り・石像、黒曜石製の儀式用ナイフ・尖頭器・神像、統率権を表す杖など個人用の装身具や、「羽毛の蛇神」像、動物体の奉納品、そしてモニュメントの壁面に嵌め込まれた巨大石彫は権威と結びつき、住民を圧倒する装置となり、強大なカリスマ的権力者の存在を暗示する。三つのピラミッド出土の豊富な副葬品と埋葬資料を統合した今後の研究は、ピラミッド建立と生贄儀式を執行した王権の特性をさらに通史的に解釈するのに役立つであろう。

本書ではピラミッドで表された国家の統率者集団について探ったが、トップダウン型の権力構造に対する、一〇万人規模の住民の衣食住と様々なボトムアップな行動についても考慮せねばならないと、最後につけ加えておく。コスミック・シティに居住するからこそ、社会集団の活発な儀礼、国家業務、交易、工芸製作、技術の発展、アートの創作、そして階層化と抗争について、住民のデータも融合しながら、今後は国際古代都市の研究を進めるべきであると考えている。

おわりに

メキシコ古代文明は、魅力にあふれている。歴史学や考古学はもちろん、人類学やほかの社会科学、さらに文化やアートの探求者にとって素材の宝庫だ。一度取り憑《つ》かれると、なかなか抜け出せない。筆者も若い頃、画家の利根《とね》山光人《やまこうじん》氏のマヤ写真集で、「マヤに来てはいけない」というフレーズをみたことが、メキシコに興味をもったきっかけだった。なるほど魅力的だが、いざ始めてみるとかなり難敵であると気づかされた。

専門職として始めた考古学では、まず課題を設定し、その解明のために理論と戦略を練り、発掘する。しかし、往々にして、解決よりさらなる課題を生むデータが出土する。偶然による発見が、刺激的な再解釈を促すことも多い。いつまでも終わらない課題とデータのやりとりが続き、世代を超えてリレーする探求心が牽引する世界だ。多くの研究同業者と何度も熱く討論し、知的にも興奮する作業だが、これが国際チームだと、課題の設定自体も、またデータを解釈する基盤も、文化の違いを反映して、調整がたいへんな時もある。それでも開かれた議論を熱く、それも現場で夜中まで多くの師、朋友と議論できたことが筆者の宝である。その絆のおかげで、本書で紹介した調査ができた。なかでも、テオティワカン考古学の権威であり、筆者の生涯の師であるレネ・ミリョン氏とフィールドで過ごした時間が、これまでの発掘人生で最も充実した日々だった。また同じマッピング・プロジェクトのジョージ・コーヒル氏には、無制限な研究環境を提供して頂き、学術研究者のあるべき姿勢を教えて頂いた。二人とは学友でもあり、心底から熱く議論できたからこそ、筆者の主張は二人と異なった解釈もあるが、それには自信をもっている。

一方で、世界遺産であるテオティワカンは、メキシコの文化遺産でもあり、メキシコ国民の知的財産として慎重に扱うべき研究対象である。発掘にはまず、国の文化省の機関であるメキシコ国立人類学歴史研究所、考古学審議会で厳格な審査を受け許可を得なくてはならない。さらに、メキシコ国民の視線を絶えず背中に感じて作業している。だからこそ、メキシコの枠を乗り越えて出る研究成果は、真に世界の考古学、人類学に貢献する研究成果であり、自信ある解釈でなくてはならない。発掘と同時に遺跡保存問題も考える責務があり、研究成果も世界中の厳しい視線に晒されるたいへんな作業だが、魅力的な仕事でもある。

本書で扱ったテオティワカンのピラミッドは、そんなメキシコ文化の中心に位置するモニュメントである。その三つのピラミッドでおこなったトンネル発掘調査は、当然学術的、社会・政治的にも厳格な調査が求められ、多くの人たちの援助と協力のもとで可能となったもので、全身全霊で立ち向かった。多くの師や同胞の中、メキシコ国立人類学歴史研究所のルベン・カブレラ氏は、共同団長として筆者にできない多くの責務を担って頂いた恩師である。

さらに、特に本書でも中心的なテーマとなっている生贄埋葬墓は、学術的な価値の高さと同時に、非常にセンシティブな課題を抱えていた。眠っている死者の霊を呼び覚ますのは、世界中の考古学者がやっていることだが、現地で古代文明を継承するメキシコ国民にとっては、宗教的にも倫理的にもナイーブな問題でありうる。しかし、考古学研究者は眠った霊を呼び覚ます侵入者ではなく、苦渋に満ちて死期を迎えたかもしれぬ魂を解放し、さらに世界の人類史の中でそれぞれの死の意義を最大限に探る作業を担当している。筆者らは、最終的に全人類に貢献するための作業をおこなっているという自負があってこそ、できる仕事だと思っている。生贄儀礼も、単なる残虐な行為としてでなく、これほど深い叡智ある人たちが何を求めていたのか、一緒に考えてみたいと、できるかぎり正確に復元したつもりだ。この本は、そのような成果を世に問う作業として書いたつもりである。

左からレネ・ミリョン氏、ソニア・ブラカモンデス氏、筆者

本書は、筆者が東京国立博物館の特別展示「古代メキシコ　―マヤ、アステカ、テオティワカン」を監修者／ゲスト・キュレーターとして担当した機会に上梓した。テオティワカンの歴史を述べた日本語の良書がほとんどなく、今

回、展覧会で注目を集めることもあり、一般向けにこの古代人の叡智をできるだけ紹介しようと書いたつもりである。深く掘り下げるほど魅了され、ハマっていく古代都市である。テオティワカンに来てはいけない。

二〇二三年五月

杉山　三郎

参考文献

Aveni, A. F. 1980. *Skywatchers of Ancient Mexico*. Austin: University of Texas Press.

Berlo, J. C. 1992. *Art, Ideology, and the City of Teotihuacan*. Dumbarton Oaks, Washington, D.C.

Berrin, K. ed. 1988. *Feathered Serpents and Flowering Trees: Reconstructing the Murals of Teotihuacan*. The Fine Arts Museums of San Francisco, and the University of Washington Press, Seattle.

Berrin, K. and E. Pasztory, eds. 1993. *Teotihuacan: Art from the City of the Gods*. Thames and Hudson, and the Fine Arts Museums of San Francisco, New York.

Boone, E. H. ed. 1984. *Ritual Human Sacrifice in Mesoamerica*. Dumbarton Oaks, Washington, D.C.

Cabrera, R., S. Sugiyama, and G. Cowgill 1991. The Templo de Quetzalcoatl Project at Teotihuacan: A Preliminary Report. *Ancient Mesoamerica* Vol. 2 (1): 77-92.

Carrasco, D., L. Jones, and S. Sessions, eds. 2000. *Mesoamerica's Classic Heritage: From Teotihuacan to the Aztecs*. Boulder, CO: University Press of Colorado.

Cowgill, G. L. 2015. *Ancient Teotihuacan: Early Urbanism in Central Mexico*. New York: Cambridge University Press.

Diehl, R. A. and J. C. Berlo. eds. 1989. *Mesoamerica after the Decline of Teotihuacan A.D. 700-900*. Dumbarton Oaks, Washington, D.C.

Dow, J. W. 1967. Astronomical Orientations at Teotihuacan, a Case Study in Astro-Archaeology. *American Antiquity* 32: 326-34.

Fuente, B. de la. ed. 1995. *La pintura mural prehispánica en México: I Teotihuacan*. Two vols, Universidad Nacional Autónoma de México, México, D.F.

Gamio, M. 1922. *La población del Valle de Teotihuacán*. Vol. 3. Secretaria de Agricultura y Fomento, Mexico City, Republished in 1979. 5 vols. Mexico City: Instituto Nacional Indigenista.

Gazzola, J. 2017. Reappraising Architectural Processes at the Ciudadela through Recent Evidence. In *Teotihuacan: City of Water, City of Fire*, edited by M. Robb, pp. 38-47. San Francisco, CA: Fine Arts Museums of San Francisco and University of California Press.

Gómez, S. 2017. The Underworld at Teotihuacan: The Sacred Cave under the Feathered Serpent Pyramid. In *Teotihuacan: City of Water, City of Fire*, edited by M. Robb, pp. 48-55. San Francisco, CA: Fine Arts Museums of San Francisco and University of California Press.

Heyden, D. 1975. An Interpretation of the Cave Undereath the Pyramid of the Sun in Teotihuacán, Mexico. *American Antiquity* 40: 131-147.

Hirth, K., D. Carballo, and B. Arroyo, eds. 2020. *Teotihuacan, the World beyond the City*.

Washington, D.C. : Dumbarton Oaks Research Library and Collection.

Linné, S. 1934. *Archaeological Researches at Teotihuacan, Mexico.* The Ethnographical Museum of Sweden, Stockholm.

López A., A., L. López L., and S. Sugiyama. 1991. The Feathered Serpent Pyramid at Teotihuacan: Its Possible Ideological Significance. *Ancient Mesoamerica,* Vol. 2 (1): 93 - 106.

Manzanilla, L., ed. 2017. *Multiethnicity and Migration at Teopancazco: Investigations of a Teotihuacan Neighborhood Center.* Gainesville, FL: University Press of Florida.

Matsumoto, N., S. Sugiyama, and C. Garcia - Des Lauriers (co - editors) 2021. *Landscape, Monuments, Arts, and Rituals Out of Eurasia in Bio - Cultural Perspectives. Proceedings of an International Conference in Mexico, February 27 - 28, 2020.* Research Institute for the Dynamics of Civilizations, Okayama University, Okayama. ISBN: 978 - 4 - 910223 - 04 - 9

Millon, R. 1973. *Urbanization at Teotihuacán, Mexico: Vol. 1: The Teotihuacán Map. Part One: Text.* Austin, TX: University of Texas Press.

Millon, R. 1988. The Last Years of Teotihuacan Dominance. In *The Collapse of Ancient States and Civilizations,* edited by N. Yoffee and G. Cowgill, pp. 102 - 164. Tucson, AZ: University of Arizona Press.

Millon, R. 1993. The Place Where Time Began. In *Teotihuacan: Art from the City of the Gods,* edited by K. Berrin and E. Pasztory, pp. 17 - 43. San Francisco, CA: Thames and Hudson, Fine Arts Museums of San Francisco.

Millon, R., B. Drewitt, and G. L. Cowgill. 1973. *Urbanization at Teotihuacán, Mexico, Volume 1: The Teotihuacan Map. Part Two: Maps.* Austin, TX: University of Texas Press.

Nichols, D. L. 2016. Teotihuacan. *Journal of Archaeological Research* 24(1): 1 - 74. Springer.

Pasztory, E. 1997. *Teotihuacan: An Experiment in Living.* Norman, OK: University of Oklahoma Press.

Rattray, E. C. 1992. *The Teotihuacan Burials and Offerings: A Commentary and Inventory.* Vanderbilt University Publications in Anthropology No. 42, Nashville.

Rattray, E. C. 2001. *Teotihuacan: Ceramics, Chronology and Cultural Trends.* University of Pittsburg and Instituto Nacional de Antropología e Historia, México, D.F.

Sanders, W. T., J. R. Parsons, and R. S. Santley. 1979. *The Basin of Mexico: Ecological Processes in the Evolution of a Civilization.* Academic Press, New York.

Sarabia G. A., and N. Z. Núñez R. 2017. The Sun Pyramid Architectural Complex in Teotihuacan: Vestiges of Worship and Veneration. In *Teotihuacan: City of Water, City of Fire,* edited by M. Robb, pp. 62 - 67. San Francisco, CA: Fine Arts Museums of San Francisco and University of California Press.

Schele, L. and M. E. Miller. 1986. *The Blood of Kings: Dynasty and Ritual in Maya Art.* G. Braziller, New York.

Sempowski, M. L., and M. W. Spence. 1994. *Mortuary Practices and Skeletal Remains at Teotihuacan.* Salt Lake City, UT: University of Utah Press.

Smith, R. E. 1987. *A Ceramic Sequence from the Pyramid of the Sun Teotihuacan, Mexico.* Peabody Museum of Archaeology and Ethnology, Harvard University, Cambridge.

Spence, M. W., and G. Pereira. 2007. The Human Skeletal Remains of the Moon Pyramid, Teotihuacan. *Ancient Mesoamerica* 18: 147 - 157.

Storey, R. 1992. *Life and Death in the Ancient City of Teotihuacan: A Modern Paleodemographic Synthesis.* Tuscaloosa, AL: University of Alabama Press.

Stuart, D. 2000. The Arrival of Strangers: Teotihuacan and Tollan in Classic Maya History. In *Mesoamerica's Classic Heritage: From Teotihuacan to the Aztecs,* edited by D. Carrasco, L. Jones and S. Sessions, pp. 465 - 514. Boulder, CO: University Press of Colorado.

Sugiyama, N., W. Fash, B. Fash, and S. Sugiyama 2020. The Maya at Teotihuacan? New insights into Teotihuacan - Maya Interactions from Plaza of the Columns Complex. In *Teotihuacan: The World Beyond the City,* edited by K. G. Hirth, D. M. : Carballo, and B. Arroyo, pp.139 - 172, Washington, D.C. : Dumbarton Oaks Research Library and Collection.

Sugiyama, N., S. Sugiyama, V. Ortega, and W. Fash. 2016. ¿ Artistas mayas en Teotihuacan? *Arqueología Mexicana* Noviembre - diciembre de 2016, vol. XXIV, núm. 142: 8.

Sugiyama, N., S. Sugiyama, C. Cagnato, C. A. M. France, A. Iriki, K. S. Hughes, R. R. Singleton, E. Thornton, and C. A. Hofman 2022. Earliest evidence of primate captivity and translocation supports gift diplomacy between Teotihuacan and the Maya. *PNAS* 2022 Vol. 119 (47) e2212431119. https://doi.org/10.1073/pnas.2212431119

Sugiyama, N., S. Sugiyama and A. Sarabia 2013. Inside the Sun Pyramid at Teotihuacan, Mexico: 2008 - 2011 Excavations and Preliminary Results, *Latin American Antiquity* vol. 24 (4): 403 - 432.

Sugiyama, S. 1989. Burials Dedicated to the Old Temple of Quetzalcoatl at Teotihuacan, Mexico. *American Antiquity* 54(1): 85 - 106.

Sugiyama, S. 1998. Termination Programs and Prehispanic Looting at the Feathered Serpent Pyramid in Teotihuacan, Mexico. In *The Sowing and the Dawning: Termination, Dedication, and Transformation in the Archaeological and Ethnographic Record of Mesoamerica,* edited by S. Mock, pp.147 - 164. Albuquerque, NM: University of New Mexico Press.

Sugiyama, S. 2005. *Human Sacrifice, Militarism, and Rulership: Materialization of State Ideology at the Feathered Serpent Pyramid, Teotihuacan.* Cambridge:

Cambridge University Press.
Sugiyama, S. 2010. Teotihuacan City Layout as a Cosmogram: Preliminary Results of the 2007 Measurement Unit Study. In *The Archaeology of Measurement: Comprehending Heaven, Earth and Time in Ancient Societies,* edited by I. Morley and C. Renfrew, pp. 130 - 149. Cambridge: Cambridge University Press.
Sugiyama, S. 2011. Interactions Between the Living and the Dead at Major Monuments in Teotihuacan. In *Living with the Dead: Mortuary Ritual in Mesoamerica,* edited by J. L. Fitzsimmons and I. Shimada, pp. 161 - 202. Tucson, AZ: University of Arizona Press.
Sugiyama, S. 2012. Ideology, Polity, and Social History of the Teotihuacan State. In *The Oxford Handbook of Mesoamerican Archaeology (Oxford Handbooks),* edited by Deborah L. Nichols and Christopher A. Pool, pp. 215 - 229. Oxford University Press, New York.
Sugiyama, S. 2017. Teotihuacan: Planned City with Cosmic Pyramids. In *Teotihuacan: City of Water, City of Fire,* edited by M. H. Robb, pp. 28 - 37. San Francisco, CA: Fine Arts Museums of San Francisco de Young and University of California Press.
Sugiyama, S. 2017. Feathered Serpent Pyramid at Teotihuacan: Monumentality and Sacrificial Burials. In *Teotihuacan: City of Water, City of Fire,* edited by M. H. Robb, pp. 56 - 61. San Francisco, CA: Fine Arts Museums of San Francisco de Young and University of California Press.
Sugiyama, S. 2022. Chapter 8: The Nature of Early Urbanism at Teotihuacan. In *Early Mesoamerican Cities: New Perspectives on Urbanism and Urbanization in the Formative Period,* edited by M. Love and J. Guernsey, pp. 170 - 198. Cambridge University Press.
Sugiyama, S. and R. Cabrera. 2007. The Moon Pyramid Project and the Teotihuacan State Polity. *Ancient Mesoamerica* 18: 109 - 125.
Sugiyama, S. and R. Cabrera. 2017. Moon Pyramid and the Ancient State of Teotihuacan. In *Teotihuacan: City of Water, City of Fire,* edited by M. H. Robb, pp. 74 - 81. San Francisco, CA: Fine Arts Museums of San Francisco de Young and University of California Press.
Sugiyama, S. and L. López Luján. 2007. Dedicatory Burial/Offering Complexes at the Moon Pyramid, Teotihuacan: A Preliminary Report of 1998 - 2004 Explorations. *Ancient Mesoamerica* 18: 127 - 146. Cambridge University Press.
Sugiyama, S. and N. Sugiyama. 2020. Interactions Between Ancient Teotihuacan and the Maya World. In *The Maya World,* edited by S. Hutson and T. Ardren, pp. 689 - 711. New York: Routledge.
Sugiyama, S. and N. Sugiyama 2021. Monumental Cityscape and Polity at Teotihuacan. In

Mesoamerican Archaeology: Theory and Practice, Second Edition, edited by Julia A. Hendon, Lisa Overholtzer, and Rosemary A. Joyce, pp. 98-128, Wiley Blackwell Studies in Global Archaeology. Wiley Blackwell, Hoboken. ISBN: 978-1119160885

Taube, K. 2011. Teotihuacan and the Development of Writing in Early Classic Central Mexico. In *Their Way of Writing: Scripts, Signs, and Pictographies in Pre-Columbian America,* edited by E. H. Boone and G. Urton, pp. 77-109. Washington, D.C.: Dumbarton Oaks Pre-Columbian symposia and colloquia. Dumbarton Oaks Research Library and Collection.

White, C. D., M. W. Spence, F. J. Longstaffe, and H. Stuart-Williams. 2002. Geographic Identities of the Sacrificial Victims from the Feathered Serpent Pyramid, Teotihuacan: Implications for the Nature of State Power. *Latin American Antiquity* 13(2): 217-236.

長田俊樹・杉山三郎・陣内秀信（共著）2015『文明の基層——古代文明から持続的な都市社会を考える』大学出版部協会

杉山奈和・杉山三郎 2021「メソアメリカの共生するヒトと動物たち——新たな「ドメスティケーション」パラダイムへ」『科学』2021年02月号

杉山三郎 2007「古代都市テオティワカン」、「湖上の都市テノチティトラン」、「絵文書から見るアステカの社会」、「アステカの世界観と生贄の儀礼」、「ワシの戦士とジャガーの戦士」、「スペイン人による征服」、ほか展示作品解説、『失われた文明——インカ・マヤ・アステカ展』（松本亮三、馬場悠男、篠田謙一監修）ＮＨＫ、ＮＨＫプロモーション

杉山三郎 2012『ロマンに生きてもいいじゃないか——メキシコ古代文明に魅せられて』風媒社

杉山三郎 2020「古代メソアメリカのモニュメント——象徴する世界観と王権」国立歴史民俗博物館・松木武彦・福永伸哉・佐々木憲一編『日本の古墳はなぜ巨大なのか　古代モニュメントの比較考古学』吉川弘文館

杉山三郎 2022「メソアメリカ古代文明の超克——新大陸に生まれた生存戦略」『レジリエンス人類史』（稲村哲也、他編）京都大学学術出版会

杉山三郎・嘉幡茂・渡部森哉 2011『古代メソアメリカ・アンデス文明への誘い』風媒社

杉山三郎（監修）2023 特別展『古代メキシコ　－マヤ、アステカ、テオティワカン』展覧会図録、NHK、NHKプロモーション、朝日新聞社

謝辞

本書で述べているメキシコ、テオティワカンでの発掘調査はすべて、メキシコ国の文化省に属する国立人類学歴史研究所(INAH:Instituto Nacional de Antropología e Historia)、考古学審議会 (Consejo de Arqueología) の審査を受け認可され、実施されている。研究所の多くの先達、研究者、審議会のメンバーの審査、ご助言、ご批判に対して、深い感謝の意を表します。

ピラミッド調査は、ルベン・カブレラ氏が率いるINAHのテオティワカン調査団(1980－82)内から始まった。その後、以下の様々な研究基金により実施されている。アメリカ合衆国国立科学研究基金(National Science Foundation)、国立人文科学研究基金(National Endowment for the Humanities)、ナショナル・ジオグラフィック協会(National Geographic Society)研究基金、アリゾナ州立大学研究基金、さらに筆者が愛知県立大学に移った1999年以後は、日本学術振興会の科学研究費により発掘調査がおこなわれた。現地調査にあたって、ＩＮＡＨとの共同プロジェクトとして、「羽毛の蛇ピラミッド」ではルベン・カブレラ氏、ジョージ・コーヒル氏、筆者が調査を統率し、「月のピラミッド」調査はカブレラ氏と筆者が共同団長として実施した。「太陽のピラミッド」はアレハンドロ・サラビア氏を団長として、筆者は招待教授としてピラミッド内部調査を担当した。現在は「石柱の広場複合体」プロジェクトを共同団長が替わりながら、主に筆者と杉山奈和(カリフォルニア大学リバーサイド校)が現地調査を統率している。関わったすべての機関、方々に深く御礼申し上げる。

発掘はメキシコ国内外の研究者、大学院生を中心として、地元の専門家、技術者、さらに発掘技術を身につけた職人である地元民とのチームにより進めている。これらの人びとの献身的な協働作業があってはじめてなしえた成果である。中心となった以下の人たち、またここで挙げることができなかった他の多くの人たちに心底から感謝申し上げる。

Proyectos arqueológicos mencionados en este libro fueron llevados a cabo con los codirectores y arqueólogos participantes del Instituto Nacional de Antropología e Historia de México y fueron aprobados por el Consejo de Arqueología del INAH. Agradezco sinceramente a los miembros del consejo y maestros/colegas del INAH por sus colaboraciones, e invaluables inspecciones, comentarios ó críticas. Igualmente agradezco profundamente a los participantes nacionales e internacionales, posgraduados de diversas instituciones, también a los técnicos profesionales y los trabajadores locales que entusiásticamente colaboraron para los proyectos mencionados. Particularmente agradezco a las personas mencionados abajo, entre muchos más colegas que me instruyeron y participaron:

Rubén Cabrera C. (codirector de los proyectos), George L. Cowgill, Alejandro Sarabia,

Rene Millon, Leonardo López Luján, Grégory Pereira, Laura Filloy, Sergio Gómez C., Julie Gazzola, Carlos Serrano, William Fash, Nawa Sugiyama, Nelly Robles, Luis Barba, Agustín Ortíz, Jorge Blancas, Emily McClung de Tapia, Héctor Neff, Janet Montoya, David Carballo, Jennifer Carballo, Raúl Valadez, Michael Spence, James Langley, William Parry, Claudia Garcia-Des Lauriers, Oralia Cabrera, Martha Alfaro, David Andrade, Clara Paz, Mark Levine, Aurelio López, Alicia Blanco, Sonia Bracamontes, Julia Pérez, Diana Bustos, Teresa Cadiente, Matthew Chamberlin, Ximena Chávez, Jaime Delgado, Roxana Enríquez, Guadalupe Espinoza, José M. García, Alfredo Gómez, María E. Gumí, Pedro Baños, Zefelino Ortega, Veronica Moreno, Lourdes Caballero, Shintaro Ueda, Etsuo Sato, Tatsuya Murakami, Hirokazu Kotegawa, Yuko Koga, Osamu Yoshida, Yuko Ono, Shigeru Kabata, Kimberley Law, Julieta López-Juarez, Sandra López, José Martín, Jorge Martínez, Natalia Mauricio, Jorge Moto, Felipe Nava, Luis Núñez, Gilberto Pérez, Alejandra Quintanar, Óscar Polaco, Jasinto Robles, Bernardo Rodríguez, Gonzalo Rodríguez, Rebeca Rodríguez, Araceli Rojas, Laura Roldán, Ricardo Sánchez, Henry Schwarcz, Denis To, Manuel Vera, Li Wang, Yuki Watanabe, y Ariel Texis.
Este libro fue publicado por Asahi Shinbun en la ocasión de la exposición especial "El Mexico Antiguo: Maya, Azteca y Teotihuacan" celebrada en el Museo Nacional de Tokio en 2023. La exposición fue supervisada por el autor, Takeshi Inomata y Leonardo López Luján y fue organizada por el museo, NHK, NHK Promotions, Asahi Shinbun y muchos colaboradores del INAH. Agradezco profundamente a todos quienes brindaron valiosas manos para la publicacion de este libro y la exposición.

本書出版にあたり、写真、図版などで協力頂いた方々に御礼申し上げる。また本書の執筆にあたり、溢れる知性とエネルギーと膨大な時間を注ぎ込んで頂いた朝日選書の奈良ゆみ子氏に、衷心より御礼申し上げる。早川和子氏の生贄墓の復元挿絵は、恐ろしく異様な光景を直視できるソフトな画法で描いて頂き、感謝に堪えない。最後に、1980年以来、勝手な行動で迷惑をかけ続けている杉山ファミリーに、そして献身的に研究、そして本執筆を支えてくれた最愛の伴侶、登喜子にこの本を私の魂とともに捧げたい。

クレジット略称

© MPP	© Moon Pyramid Project
© SPP	© Sun Pyramid Project
© PPCC	© Project Plaza of the Columns Complex
© PTQ	© Proyecto Templo de Quetzalcoatl
© PMCC3D	© Project Mesoamerican Cosmic Cities in 3D

テオティワカンの天体復元画像は© PMCC3D、オープンソースのソフトウェア arcAstroVR を使用。広域地形標高データは、© Jaxa ALOS (30m mesh DTM)。広域地形衛星写真は、© Google Earth

断りのないものは著者撮影、提供

杉山三郎（すぎやま・さぶろう）
1952年静岡県生まれ。東京経済大学卒。アリゾナ州立大学研究教授、岡山大学文明動態学研究所特任教授。愛知県立大学名誉教授。博士（アリゾナ州立大学、人類学）。メキシコ国立人類学歴史研究所（INAH）にて考古学調査に従事。マヤ、メキシコ中央高原の遺跡、アステカ王国の大神殿遺跡などで調査。テオティワカン研究を43年間継続中。著書に『ロマンに生きてもいいじゃないか―メキシコ古代文明に魅せられて』（風媒社）、共著に『レジリエンス人類史』（京都大学学術出版会）など。英・西語の著書多数。ハーバード大学 H.B. ニコルソン・メソアメリカ研究優秀賞受賞（2016）、瑞宝小綬章受章（2023）。

朝日選書 1035

メキシコ古代《こだい》都市《とし》の謎《なぞ》
テオティワカンを掘《ほ》る

2023年6月25日　第1刷発行

著者　杉山三郎

発行者　宇都宮健太朗

発行所　朝日新聞出版
〒104-8011　東京都中央区築地 5-3-2
電話　03-5541-8832（編集）
03-5540-7793（販売）

印刷所　大日本印刷株式会社

Published in Japan by Asahi Shimbun Publications Inc.
ISBN978-4-02-263125-1